课程思政指南

——以浙江水利水电学院为例

徐金寿 万军 等 著

中国水利水电出版社

www.waterpub.com.cn

·北京·

内 容 提 要

本书具体阐释了深入开展课程思政的途径和方法,注重理论与实践紧密结合,从正确认识到工作方法、从体制设计到案例研究、从团队建设到机构设置、从学校层面到学院层面、从专业到课程,具有较强的系统性和可操作性,为课程思政真正落实于各学科各专业提供了可资借鉴的参考。

本书可以作为各类型、各层次学校教学管理部门推进课程思政全覆盖的"路线图";也可以作为教育工作者提高课程思政能力的"指南针";更是一线教师活学活用课程育人的"工具书"。同时,本书也可作为学生自身核心素养提升的参考书。

图书在版编目(CIP)数据

课程思政指南 : 以浙江水利水电学院为例 / 徐金寿等著. -- 北京 : 中国水利水电出版社, 2021.10
 ISBN 978-7-5226-0178-6

Ⅰ. ①课… Ⅱ. ①徐… Ⅲ. ①高等学校-思想政治教育-教学研究-中国 Ⅳ. ①G641

中国版本图书馆CIP数据核字(2021)第210679号

书　名	**课程思政指南——以浙江水利水电学院为例** KECHENG SIZHENG ZHINAN——YI ZHEJIANG SHUILI SHUIDIAN XUEYUAN WEI LI
作　者	徐金寿　万　军等　著
出版发行	中国水利水电出版社 (北京市海淀区玉渊潭南路1号D座　100038) 网址:www.waterpub.com.cn E-mail:sales@waterpub.com.cn 电话:(010) 68367658(营销中心)
经　售	北京科水图书销售中心(零售) 电话:(010) 88383994、63202643、68545874 全国各地新华书店和相关出版物销售网点
排　版	中国水利水电出版社微机排版中心
印　刷	天津嘉恒印务有限公司
规　格	170mm×240mm　16开本　12印张　161千字
版　次	2021年10月第1版　2021年10月第1次印刷
定　价	**48.00元**

凡购买我社图书,如有缺页、倒页、脱页的,本社营销中心负责调换

版权所有·侵权必究

序

浙江水利水电学院，是一所因水而生、因水而兴、因水而名的学校。2004年，时任浙江省委书记习近平在贺信中对我校提出了"建设高质量、有特色的水利水电学校"的期望，为学校发展指明了方向。自此，学校确立了服务行业、服务区域经济，培养高素质应用型人才的发展目标。学校一直以来紧紧围绕"立德树人"这一根本任务，坚持把立德树人成效作为检验学校一切工作的标准，提出了"以水育人、以文化人"的人才培养理念。秉持"传承·融合·创新"的课程思政建设理念，持续深入推进课程思政高质量、有特色建设。

2010年7月创新提出"非技术能力也应属专业培养能力，职业核心能力应进专业、融课程培养"的理论观点，践行"学习知识、培养技能、修炼品德"三位一体人才培养体系，提升大学生的可持续发展核心竞争力。这一理论观点为职业核心能力融入第一课堂培养提供了实践的理论支撑，也为推进课程思政先行铺垫了基础。2010年12月专著《理实融合 实践育人》出版发行，理论与实践成果于2014年获浙江省人民政府教学成果一等奖。

2014年5月提出"软硬技能并重兼修"的教育教学理念，培养"德才兼备"的高素质应用型人才。探索将水文化（SWH）蕴含的"水的品质、水利精神"等育人元素融入专业人才培养全过程。基于OBE理念，创建了SWH—CDIO—E工程教育模式，旨在培养学生扎实的工程知识、系统性思维、批判性思维和解决综合问题的能力，促进学生养成优秀的品格。同时，增强专业、课程的育人功能。2015年11月专著《应用型人才软硬技能融合培养的研究与实践》出版发行，理论与实践成果于2016年获浙江省人民政府教学成果一等奖。

2016年12月7日，习近平总书记在全国高校思想政治工作会议上强调，要把思想政治工作贯穿教育教学全过程。2017年3月，学校召开了推进课程思政教学改革研讨会。提出了实施课程思政的"五大举措"，传承先行的专业育人、课程育人模式与经验，并和新时代教育与课程思政新要求相融合，推进课程思政覆盖所有专业和课程，实现"课程思政"与"思政课程"同向同行，同频共振。2019年，学校课程思政工作受中央电视台《新闻联播》《焦点访谈》栏目的关注播出，同年学校获评"浙江省课堂教学创新学校"。2020年12月，学校传承融合、创新推出了培养学生"六项必备品格""八种核心能力"的核心素养，达成了课程思政十点认识（课程思政共识），研制了课程思政十种途径方法（课程思政十法），编写了课程思政八个方面建设指南（课程思政指南）。

截至2021年7月，经过全校师生的积极努力，课程思政领域已列项省级课程思政教学研究中心1个、省级课程思政教学团队1个、省级课程思政示范课程3门、省级课程思政教学研究项目4个；校级课程思政示范课38门、项目制课程库122个、"三位一体"课程366门等，取得了阶段性成果。学校"课程思政"与"思政课程"同向同行、协同育人的氛围正在形成，立德树人成效已经凸显。学校课程思政成果已辐射省内外本科、高职和中职约30所学校，为构建本科、高职、中职一体化课程思政体系赋能。

立德树人是高校的根本任务，教书育人是教师的天职。课程思政是一种教育教学要求与理念，不是一蹴而就的；要让教师成为自觉行为，既需要建立一种常态运作机制，持续不断推进；更需要我们有坚持不懈的执念、奔腾不息的追求、勇立潮头的担当，为党的教育事业奋斗终身的使命感。习近平总书记说："山再高，往上攀，总能登顶；路再长，走下去，定能到达。"我想，浙江水利水电学院实施课程思政有了"路线图"和"指南针"，尽管前方的路还很长，但途径与方法已经找到了，还怕路远吗？！

2021 年 8 月于浙水院

前　言

培养造就新时代中国特色社会主义事业的建设者和接班人，必须把"立德树人"作为高校的根本任务。习近平总书记在全国高校思想政治工作会议上强调，要把思想政治工作贯穿教育教学全过程。中共中央办公厅、国务院办公厅印发了《关于深化新时代学校思想政治理论课改革创新的若干意见》，教育部印发了《高等学校课程思政建设指导纲要》，要求"教师人人讲育人""课程门门有思政"，非思政类课程"课程思政"达到全覆盖。

习近平总书记在全国高校思想政治工作会议上讲话时指出："好的思想政治工作应该像盐，但不能光吃盐，最好的方式是将盐溶解到各种食物中自然而然吸收。"因此，课程思政的目标要求应该是：在不增加学时的前提下，教师把思政元素润物细无声地融入课程教学中。但是，目前对课程思政的认识层面还存在有一些不正确或不全面的认识：课程思政就是既要讲专业知识，又要讲思想政治课的内容；讲专业课、基础课的学时都不够，哪有时间讲思政内容；即使有时间我也不会讲思想政治理论课；思想政治工作是学生部门或是辅导员、班主任的事等。在操作层面就存在有一些不正确的途径方法：拍摄"思政课"微视频在课前、课中或课后播放；育人元素宏观全面、高大上，"育人元素思政理论化"；做几门样板课程，完成上级布置的任务，或"贴标签"流于形式等。

浙江水利水电学院（以下简称"浙水院"）是一所省部共建以水利水电为特色的应用型本科院校，一直把"立德树人"作为学校的根本任务，鉴于学校特色，提出了"以水育人、以文化人"的人才培养理念。早在2010年就开始探索增强课程育人功能，努力推行职业核心能力全程融入人才培养全过程。近几年根据教育部对课程思政提出的教育教学要求，秉持"传承·融合·创新"的课程思政建设理念，通过召开学校、二级学院各层级课程思政专题研讨会，建设课程思政教学研究中心、课程思政教学团队、课程思政展示馆，评选课程思政示范课、课程思政示范二级学院等。对如何开展课程思政达成了思想上的共识，研究提炼出了课程思政的途径方法等初步建设成果，作者用心梳理总结，并撰写了《课程思政指南》（以下简称《指南》）。

依据《指南》实施课程思政拟培育的主要创新成果：

（1）在全国率先系统提出了课程思政的十点认识即"浙水院共识"，包括课程思政指导思想、课程思政理念、课程思政应然样式、课程思政学生效应、课程思政元素、课程思政目标、课程思政做到"三个要"、课程思政把握"三个点"、课程思政之美境界、课程思政工作要求。

（2）在全国率先全面推出了课程思政的十种方法即"课程思政十法"。包括分类推进法、模式创建法、红色资源法、教学设计法、显性引导法、隐性融入法、信息技术法、行走课堂法、思政认定法和人才评价法。

（3）在全国率先探索构建本科、高职、中职一体化课程思政教学体系。浙水院"水文化＋"课程思政教学团队在课程思政各种平台，去省内本科、省内外高职和中职（技师学院）讲解指导课程思政理念、设计与实施的途径方法。

（4）在全国率先建成了课程思政展示馆。展示馆分课程思政组织、课程思政共识、课程思政研究、课程思政十法、课程思政荣誉、课程思政辐射共六个版块。

《指南》主要是总结浙水院近十几年的"课程育人领域"所形

成的经验与方法，以期与读者共享。本书的撰写和出版是深入学习贯彻中共中央办公厅、国务院办公厅《关于深化新时代学校思想政治理论课改革创新的若干意见》，落实教育部《高等学校课程思政建设指导纲要》文件精神的具体行动体现。

《指南》一书由三章组成，第一章是课程思政实施的"路线图"与"指南针"；第二章提供了"课程思政"名词出现前先行的两个"课程育人"案例；第三章介绍了现行实施的通识类课程、理工类专业课程和经管人文类专业课程等的"课程思政"案例。其中第一章是全书核心部分，共有八节内容。

第一节　正确认识课程思政。主要介绍了根据新时代课程思政的新思想与新理念，要正确和谐有效地开展课程思政工作。提出了需达成的课程思政指导思想，课程思政理念，课程思政应然样式、元素、目标和效应，需掌握的"三个要"、把握的"三个点"等十点"浙水院共识"。

第二节　课程思政十法。主要是说明在形成共识以后，为落实落地课程思政的目标任务，需要寻找课程思政的途径，研究解决课程思政的方法。浙水院创新推出的模式创建法、教学设计法和隐性融入法等"课程思政十法"。

第三节　课程思政教学团队。主要介绍了如何把课程思政教学团队打造成立德树人、教师发展和课程改革的共同体。课程思政教学团队建设的目标任务、运作机制和创新举措等，为实现"教师人人讲育人""课程门门有思政"，推进课程思政全覆盖树立标杆。

第四节　课程思政教学研究中心。主要介绍了课程思政教学研究中心建设目标任务、组织架构和运行机制、发展定位和主要职责、评价体系和条件保障等，力求将研究成果体现于教学改革，体现于课堂，体现于师生，着力为实现人才培养高质量赋能。

第五节　"课程思政示范二级学院"建设。主要介绍了课程思政建设落实的主体责任在"院系"。为在各二级学院（部、中心）

开展课程思政建设成效形成激励竞争机制，学校开展课程思政示范二级学院（部、中心）建设遴选，在组织保障与师资建设、教学建设与实施、示范建设及成效等方面建设考核，有效地推进课程思政落实落细全覆盖。

第六节　课程思政条件保障。主要是明确课程思政牵涉到学校的方方面面。单由教务部门组织教师开展，是很难可持续推进的，可能会成为无源之水、无本之木。因此，学校必须要在组织机构、部门职责、研究单位、激励政策、专项经费、评价考核以及办公场地、硬件设备和专职人员等方面予以条件保障。

第七节　课程思政持续推进。主要是明确课程思政不是一蹴而就的，需要有坚持不懈的执念、奔流不息的追求、勇立潮头的担当，为党的教育事业奋斗终身的使命感。还需要领导干部齐抓共管、完善人才培养方案、完善课程教学大纲、创建课程思政、课堂教学创新示范二级学院、加强宣传与推广应用等措施。教师要形成自我激励机制，学生要有自身素养提升的自律，把课程思政持续长效常态化推进。

第八节　课程思政建设用表。主要是提供了通过学校的"水文化＋"课程思政教学研究中心和教学团队近两年的研究，制定的课程思政系列用表包括课程思政元素——课程与专业达成矩阵表、教学大纲补充"融入主要课程思政元素说明"示例、课堂教学创新和课程思政示范二级学院建设评价指标、课程思政实施认定表、基于课程思政的课程设计表、基于课程思政的课堂教学设计表。一一分享给课程思政需要的学校及读者，供借鉴并提出宝贵意见。

《指南》第一章第一节至第四节及第二章由浙江水利水电学院教学校长、教育部高校毕业生就业协会核心能力分会会长徐金寿教授撰写，第一章第五节至第八节及第三章由教务处副处长、教学质量与评估中心主任万军副教授撰写，全书由徐金寿统稿。

在本书的编写过程中，得到了教务处王建军处长、陈健副处长，信息工程学院张运涛书记，教务处教研科刘中晓老师，教师教学发展中心周明州老师的帮助和支持，王惠利、沈陆娟、陈敏志、黄伟朵、王一帆、周文心等多位老师为本书提供了案例，在此一并表示感谢。

浙江水利水电学院的课程育人工作已先行十几年，提升了学校的立德树人成效。据《浙江省高校毕业生职业发展状况及人才培养质量调查报告》数据，用人单位对学校（2015—2018届）毕业生"综合素质、管理能力、创新能力、合作与协调能力、人际沟通能力、心理素质及抗压能力"等六项指标满意度调查，每届在全省高校排名都名列前茅。育人工作是一项长线慢活，不能搞"短平快"；课程思政是一种教育教学新理念、新方法与新要求，需要持续不断、常态化推进。学校已成立课程思政推进工作组，制定出台了课程思政实施方案，采取了推进课程思政的系列措施，以确保课程思政的健康和谐运行。《指南》的出版是浙水院多年来教育教学改革实践的成果，是广大师生共同努力的结晶。作者有幸全面参与了课程思政的设计和推进工作，积累了不少经验和心得体会，希望尽可能客观、全面、深入地对课程思政作出指导和呈现。但因作者能力和水平所限，难免有不当之处，希望广大读者谅解，并敬请不吝提出宝贵的意见和建议。

作者
2021年8月

目 录

序
前言

第一章　课程思政实施路线 ……………………………………… 1
　第一节　正确认识课程思政 …………………………………… 1
　第二节　课程思政十法 ………………………………………… 3
　第三节　课程思政教学团队 …………………………………… 7
　第四节　课程思政教学研究中心 ……………………………… 9
　第五节　"课程思政示范二级学院"建设 …………………… 12
　第六节　课程思政条件保障 …………………………………… 15
　第七节　课程思政持续推进 …………………………………… 17
　第八节　课程思政建设用表 …………………………………… 26

第二章　课程思政先行案例 ……………………………………… 37
　第一节　SWH-CDIO-E 工程教育模式的创建（案例 1）…… 37
　第二节　职业核心能力全程式融入第一课堂（案例 2）…… 47

第三章　课程思政实施案例 ……………………………………… 56
　第一节　通识类课程案例 ……………………………………… 56
　第二节　理工类专业课程案例 ………………………………… 95
　第三节　经管人文类专业课程案例 …………………………… 137

参考文献 …………………………………………………………… 175

第一章　课程思政实施路线

第一节　正确认识课程思政

一个正确的思想是由实践到认识，再由认识到实践这样多次的循环往复才能够形成的。通过实践可以对事物从感性认识上升到理性认识，再从理性认识回归到实践，这是一个认识实践不断深化的过程。实践既是认识的来源，也是认识的最终目的。因此，要正确和谐有效地开展课程思政工作，必须对课程思政的指导思想、应然样式等有一个正确的认识。浙江水利水电学院基于十年的大学生核心能力开发过程（认识—实践—再认识—再实践），根据新时代课程思政的新思想与新理念，提出了需达成的课程思政元素、课程思政目标等十点认识，通过专家讲座、同行交流、专题研讨等，已形成共识即"浙水院共识"。

1. 课程思政的指导思想

习近平总书记在全国高校思想政治工作会议上的讲话中指出，"好的思想政治工作应该像盐，但不能光吃盐，最好的方式是将盐溶解到各种食物中自然而然吸收。"

2. 课程思政理念

教师应树立"厚德思政""思政即育人"的理念。应正确理解"课程思政"的概念，课程思政不是一门或一类特定的课程，而是一种教育教学要求与理念。

3. 课程思政的应然样式

在不增加教学学时的前提下，使得育人元素润物细无声、潜移默化地融入课程。

4. 课程思政的学生效应

能够产生引起学生情感共鸣、启迪思想、触动灵魂的动心动情效应。

5. 课程思政元素

宏观方面：①政治认同和家国情怀；②品德修养和人格养成；③科学精神和专业伦理。

微观方面：在宏观价值引领下，可研究提炼出具有本校特色的育人元素，以引导教师在课程教学中进行元素浸润。浙水院推出了"水文化＋"育人元素。

六项必备品格：①态度；②相助；③感恩；④诚信；⑤信仰；⑥情怀。

八种核心能力：①书面表达能力；②口头表达能力；③团队合作能力；④沟通交往能力；⑤耐心倾听能力；⑥情绪管理能力；⑦信息处理能力；⑧自主学习能力。

6. 课程思政目标

（1）课程思政教学目标：提高课程的温度，塑造课程的灵魂，增强课程的育人功能。

（2）课程思政育人目标：为培养德智体美劳全面发展的人赋能，使得学生"有知识、有文化""懂做人、会做事"。

浙水院提出"水文化＋"育人目标："献身、负责、求实"的职业态度；聚水成海的团队合作能力、润物细无声的沟通交往能力、融会贯通的解决问题能力、以柔克刚的创新应变能力、滴水穿石的坚忍不拔毅力；海纳百川的胸襟气度、上善若水的至尚品质；奔流不息、勇立潮头的开拓精神。

7. 课程思政做到"三个要"

（1）要有料。教师要厚德，具有高尚的师德。不是单纯具有思政课理论，也不是专业课"思政化"。要具备六项必备品格，掌握八种核心能力。有知识、有文化；懂做人、会做事。要有信仰的人讲信仰……。老师就是师傅，师傅"功夫深"，才能教出高徒。

（2）要会挖。要会挖掘课程蕴含的思政元素和承载的育人功能，不是单纯照搬思政课内容。课程本身包含内容，学生接受起来比较容易，感觉就是课程内容的一部分，更容易学习。

（3）要善融。选择契合的思政元素（盐），润物细无声，适时巧妙融入。不是单纯为了完成上级要求，强硬切入。直接添加思政内容，会感觉比较生硬，思政痕迹比较明显，效果不好，同时，教学时间也不够。

8. 课程思政要把握"三个点"

（1）切入点（适时）。把握时机适时切入。

（2）动情点（适用）。能够引起学生的情感共鸣，触动灵魂、启迪思想。

（3）融合点（适合）。把握好思政元素与学科专业知识的契合度。

9. 课程思政之美境界

追求达到没有思政的痕迹，润物细无声、潜移默化的育人效果。

10. 课程思政工作要求

非思政类课程全覆盖。教师"人人讲育人"，课程"门门有思政"；且"课程思政"与"思政课程"同向同行、同频共振。

第二节 课程思政十法

方法是为达到某种目标任务而采取的途径、步骤、手段等。当我们提出或接受任务后，要想完成目标任务，必须先解决方法问题，方法得当事半功倍，方法失当事倍功半。因此，为贯彻落实课程思政的目标任务，在形成共识以后，需要寻找课程思政的途径，研究解决课程思政的方法。浙水院将传承了十年的大学生核心能力与核心素养培养经验，与新时代课程思政的新思想、新理念和新要求相融合，创新推出了课程思政十种方法即"课程思政十法"。

1. 分类推进法：构建课程思政分类推进新体系

（1）教师学生：面向教师讲好"新时代教育与课程思政"引导课，建好"大学生核心素养提升导论"领衔的通识教育课程群；面向学生重点开好"大学生核心素养导论""大学生写作与沟通"课程。

（2）基础部：重点建设"大学生写作与沟通"课程。主要培养大学生的逻辑思维和评判性思维，提升书面表达能力、口头表达能力、团队合作能力、沟通交往能力等，掌握"新四会"。

（3）创业学院：重点建设"大学生核心素养导论"课程。主要培养大学生养成"六项必备品格""八种核心能力"，以提升学生的可持续发展核心竞争力为主要目标。

（4）体军部：重点开展"体育·CDIO"改革❶。培养大学生"三个意识、两种能力"，为专业人才培养带来附加效益。

（5）二级学院：各学院在专业课上要做到育人元素浸润式进专业、进课程、进教材。实践课采用"体验式"教育教学，达到"知行合一"。

（6）"水文化＋"课程思政教学研究中心：重点承担课程思政教学的研究、培训、测评、比赛、指导、服务、咨询任务和发挥智库功能。

（7）水文化研究院：重点建设"中国水文化概论"课程。开展水的品质、水利精神、家国情怀、生态意识、文化理念、上善若水等做人做事理念教育。

---

❶ CDIO 是一种工程教育理念，代表构思（conceive）、设计（design）、实现（implement）和运作（operate），它以产品研发到产品运行的生命周期为载体，让学生以主动的、实践的、课程之间有机联系的方式学习工程。

2. 模式创建法：创建基于课程思政的人才培养新模式

创建一种人才培养新模式、新平台、新体系；将思政元素与专业结合、融入课程。可实现各专业课程思政全覆盖，提升专业、课程的育人功能。

浙水院从2014年起开始探索将水文化（SWH）蕴含的育人元素——"水的品质、水利精神"融入专业人才培养全过程，基于学习产出的教育模式（outcomes-based education，OBE）理念，创建了SWH-CDIO-E工程教育模式，培养学生具有扎实的工程基础知识、工程专业能力和优秀的做人品格；增强学生的系统性思维、创新思维、批判性思维和解决综合问题的能力。

3. 红色资源法：精选思政元素和开发红色育人资源

为了便于教师开展课程思政，可以分门别类地精选思政元素和开发育人资源，建立"红色资源库"。精选承载育人元素的生活案例故事；挖掘有关科学家、革命先烈、战斗英雄故事以及各行各业涌现出的先进典型；关注热点时事政治、时势新闻，收集案例库、网络信息、书籍光盘等育人资源。发掘优秀毕业生的成长经历，供教师选择，方便融入课堂教学使用。培养学生在理想信念、科学家精神、家国情怀、国际视野、社会责任感等方面有所成长。

4. 教学设计法：做好课程思政教学新设计

结合课程育人目标，挖掘德育元素、寻找思政点，采用的教学方法与具体举措等要统筹设计好，填写"'课程思政'教学设计表"，列出列入教学计划和课堂讲授的重要内容。设计时要善于挖掘和精选德育元素，巧妙融入，润物细无声，使学生能够轻松接受。达到既能引起学生情感共鸣，又能有效激励学生学习内生动力的效果。

5. 显性引导法：讲好课程思政引导课和建好思政交流平台

面向教师讲好"新时代教育与课程思政"等讲座；面向学生作"大学生核心素养提升"等讲座。引导学生用"态度、诚信、相助、感恩、信仰、情怀"等必备品格涵养自己，重视"为人处事"教育。建好课程思政教学示范基地、课程思政展示馆、自我管理学习中心等思政交流平台。

6. 隐性融入法：将育人元素润物细无声的"进专业、融课程"

（1）课堂教学范式实现五转变：以"学生发展为本，教师发展为要"推进课堂教学创新改革。实现灌输课堂向互动课堂转变，封闭课堂向开放课堂转变，知识课堂向能力课堂转变，句号课堂向问号课堂转变，教师课堂向学生课堂转变。

（2）推进"项目制教学"（PBT）模式：培养学生的自我管理、合作与沟通能力；增强系统性思维、创新思维和批判性思维。

（3）推进"知识、技能、态度"（KSA）三位一体考核：践行"学习知识、培养技能、锤炼品格"三位一体，互为促进，紧密融合。树立"知识、技能、态度"三要素中，态度最重要的理念。

（4）实施"翻转课堂""智慧课堂"教学模式：可组织推广"翻转课堂"教学模式，培养学生自主学习、独立思考能力、批判性思维等。建设促进有利于学生品格养成的智慧教室。

（5）开展"体验式"教育教学活动：通过参与"体验式"教育教学活动让学生获得真切感受，通过交流研讨、集体汇报等方式寻求认同、产生共鸣，实现锤炼学生品格和工程能力的融合培养目标。

7. 信息技术法：运用"互联网＋"教学开展线上思政

（1）提高多媒体课件制作水平：选择或制作有育人功能的视频、配图、音乐等。不能把教材上的内容原封不动地搬上屏幕和黑板，否则不仅影响教学进度，对学生也缺乏吸引力，不利于学生的思维训练。

（2）充分利用智慧教室：不断提高课程开发水平；提高智能设备利用率。

（3）开展"互联网＋"教学（线下教学的丰富或补充）：疫情期间教育部号召开展"停课不停教，停课不停学"活动，让我们有机会充分发挥"互联网＋"教学模式，要充分挖掘重大事件中涌现出的先进事迹（育人元素）。提高学生自主学习能力、自我管理意识，学会使用共享优质教育资源。

8. 行走课堂法：开展校外红色基地"体验式"教育教学活动

针对校外实习、社会实践、劳动教育和志愿服务等，以"行走课堂"的方式开展红色追忆、下乡实践、劳动体验等社会实践活动，在实践中增长智慧才干，在艰苦奋斗中锤炼意志品质。

9. 思政认定法：以"三个点"把握度为基本，认定课程思政

课堂教学是人才培养的主阵地，每门课程教学目标的达成对专业人才培养目标的实现起关键作用。但人才培养效果是多方协同育人长期积累的结果，不会因为开展了课程思政，短期内就对学生的成长起到突变作用。因此，不必急于对课程思政教学效果进行评价。可以根据课程思政教学应做到的"三个要"和需把握的"三个点"，研制实施课程思政认定办法，开展是否已经进行课程思政工作的认定，作为"全覆盖"推进课程思政的路径方法之一。

10. 人才评价法：基于课程思政，建立人才培养质量评价运作机制

人才培养效果是多方协同育人长期积累的结果，任何一种育人举措落点都是同一个学生，实施课程思政教学后，可进行前后效果的对比评价。建立"人才培养—学校测评—毕业生跟踪—用人单位评价—反馈改进"五位一体的评价运作机制，形成持续改进闭环。评价指标主要可围绕"综合素质、专业水平、实践动手能力、管理能力、创新能力、合作与协调能力、人际沟通能力、心理素质及抗压能力"等指标分析对比，检验课程思政对"立德树人"成效的贡献度。

第三节 课程思政教学团队

团队（team）是由基层和管理层人员按照一定规则组成的共同体，有共同理想，愿意共同承担责任，能够合理利用每一个成员的

知识和技能协同工作、解决问题,达到共同的目标。课程思政教学团队是贯彻落实课程思政目标任务的重要载体之一,需要打造成能够实现立德树人、教师发展、课程改革目标的共同体,为实现"教师人人讲育人""课程门门有思政",推进课程思政全覆盖树立标杆。

1. 建设目标

校级团队可开展学校课程思政教学研究,教学指导、培训比赛指导、核心能力与素养测评指导、咨询服务;成为推广应用课程思政教学经验、方法途径的教学组织;力争成为省级、国家级课程思政示范教学团队。

2. 建设机制

团队可由校级层面协调组建,也可由二级学院(部、中心)内部组建,团队建设要形成一定的激励与约束机制。浙水院由校级层面协调组建了"水文化+"课程思政教学团队,隶属于"水文化+"课程思政教学研究中心,行政上接受教务处领导;建设过程中要保持团队主要成员的稳定,其他成员可保持一定数量,以教学与科研业绩论进出,每年调整一次,形成激励淘汰机制。

3. 团队成员要求

①实施团队负责人制,团队负责人原则上应具备正高级专业技术职务(校级团队可由教学校长或教务处长等担任,二级学院级团队负责人可由院长、书记或教学院长担任),具有高尚的师德、较高的教学水平、较深的学术造诣和创新学术思想,能长期致力于本团队的课程思政建设;②团队成员至少由7名专(兼)职教师或管理人员组成,具有良好的沟通合作精神,梯队结构、年龄结构、职称和知识结构合理,在课程思政教育教学改革方面已有一定积累;③团队可以邀请思想政治理论课教师参与,也可由跨学院教师组成,还可以跨校组建。

4. 团队任务

①编制课程思政教学改革方案,立足学校人才培养特色和本专

业人才培养目标，充分挖掘课程中蕴含的课程思政元素，研究制定本团队课程思政教育教学改革方案；②开展课程思政行动研究，深入开展基于课程思政的教学改革与研究，积极推荐申报各级课程思政专项课题或项目，开展课程思政调研、交流，在校内外宣讲指导课程思政的理念、设计与方法等；③编制（修订）基于课程思政的教学大纲，大纲应充分考虑思政元素的融入及与专业教育的有机衔接和融合；④带头开展课程思政认定，研究与评价开展课程思政后课程教学效果；⑤根据团队课程思政教学改革方案，建设课程思政教学案例库，编写课程思政示范案例集和具有特色的教学参考资料等。

5. 创新举措

浙水院"水文化+"课程思政教学团队自成立以来，通过学习交流、研究探索，在课程思政团队建设方面推出以下创新举措：①牵头探索构建本科、高职、中职一体化课程思政体系，团队负责人带队到本科、高职、中职院校讲解并指导课程思政的理念、设计与实践；②团队到每个二级学院（部、中心）指导课程思政教研活动（每个学院半天，全体教职工参加）；③指导二级学院（部、中心）开展课程思政基层教学组织建设；④着手编著并出版《课程思政十法》《课程思政共识》《课程思政指南》《课程思政案例集》等图书。

第四节　课程思政教学研究中心

为构建类型丰富、层次递进、相互支撑的课程思政全覆盖体系，需要在行政执行力和学术研究两个方面功夫。研究中心的主要任务是促进课程思政的理论研究和实践探索，深层次研究挖掘课程思政的内在规律，深化课程思政教育教学改革，宣传推广课程思政建设成果。通过开展课程思政教改专项课题研究工作、培育课程思政教学名师队伍、构建课程思政同向同行工作模式、健全课程思政考评机制、加强课程思政建设工作监督和管理等举措，力求将研究成果体现于教学改革，体现于课堂，体现于学生，着力提升人才培养质量。

1. 组织架构与运行机制

组织架构：可建立校级层面研究机构，由学校主要领导或分管校领导任研究中心主任。研究中心可建立直属的若干基地，如校级课程思政示范基地、课程思政展示馆、校外"行走课堂"基地等。还可与相关的紧密型合作单位共建研究中心。如浙水院与教育部高校毕业生就业协会核心能力分会，合作共建"水文化＋"课程思政教学研究中心。

运行机制：中心由党委领导、分管领导直接负责。中心的研究项目或工作任务可从教务处获得，中心自身也可向教务处提出；研究成果或工作实施在校内由教务处负责（或中心直接）向二级学院（部、中心）推进与共享，在校外的推广工作由教务处或中心负责均可。

2. 发展定位与主要职责

发展定位：主要承担课程思政教学的研究、培训、测评、比赛、指导、服务、咨询和智库功能的独立设置的校级研究单位；能够为提高学校的立德树人成效赋能。

主要职责：研究思政元素如何融入人才培养全过程，承担学校有关课程思政方法途径等课题研究工作；配合教务处组织培训、讲课比赛、评选课程思政示范课程等；承担课程思政教学的认定标准与方法研究工作，人才培养成效测评认定工作等；配合教务处指导二级学院（部、中心）的课程思政推进工作，开展专题教研活动等；接受校内外有关课程思政的理论、方法与实践等方面的咨询，发挥智库功能并开展与成果推广应用。

3. 建设理念与建设目标

建设理念：秉持"研究、创新、共享、育人、赋能"五大建设理念。

第四节　课程思政教学研究中心

建设目标：建设成为课程思政教学研究、培训比赛、测评指导、咨询服务的独立设置的校级研究单位；力争成为省级、国家级示范中心。

4. 探索创新与资源建设

探索创新：浙水院"水文化＋"课程思政教学研究中心通过研究、实践推出了以下工作创新：①提出了教师应树立"厚德思政""思政即育人"的理念，学生应养成"六项必备品格""八种核心能力"的核心素养；②课程思政要做到"三个要"、把握"三个点"；③成立研究中心专家委员会、聘请专兼职研究员；④编著《课程思政共识》《课程思政十法》《课程思政指南》《课程思政案例集》；⑤探索构建本科、高职、中职一体化课程思政体系；⑥研究课程思政认定标准与办法，研制基于课程思政的人才培养质量评价办法；⑦助力开展课程思政示范二级学院（部、中心）建设评选等。

资源建设：浙水院"水文化＋"课程思政教学研究中心根据课程思政建设方案已建或正在建设：①校级课程思政示范基地；②课程思政展示馆；③课程思政示范课库、课程思政十法实施案例库、特色通识课程库、项目制课程库、"三位一体"课程库、课程思政红色案例库；④"水文化＋"课程思政教学研究中心网站；⑤成立"浙江省核心能力测评站"；⑥待中心研究人员水平具备、资源成熟、条件到位时，接收课程思政访问学者。

5. 评价体系与条件保障

评价体系：①分级提出课程思政评价要求，对所有非思政类课程先行开展课程思政认定，研制认定标准；从实施较好的课程中遴选示范课程，研制评比标准；对课程思政的总体效果可进行毕业生质量评价和工作若干年后的用人单位评价，可由学校组织或第三方评价；②研制出台《课程思政示范二级学院（部、中心）建设评价指标》，在组织保障、师资建设、教学体系与实施、示范建设与成效等方面细化建设内容、评价要求和分值；③研究制定将课程思政建设成效纳入二级学院（部、中心）年度考核和评优体系；④研究构建将课程思政建设成效纳入教师个人绩效考核及评优评奖激励机制。

条件保障：①切实建立健全中心建设领导机制，学校课程思政是"党委统一领导、党政齐抓共管、教务部门牵头抓总、相关部门联动、学院落实推进"的领导工作机制，研究中心应基于此框架，在教务处直接主管下开展工作；②切实推进课程思政建设工作相关制度建设，要研制出台《学校课程思政实施方案》，研制推进学校课程思政的相关系列制度；③切实落实中心开展工作的相关经费，学校层面每年财务预算项目中要列设"课程思政专项经费"名目，还可通过项目课题形式对课程思政建设工作提供经费支持；④切实解决课程思政教学研究中心的场地，中心办公可与教务处合署，也可与教师教学发展中心合署，也可挂靠教务处。但要明确独立的办公、教研活动场所与基地建设场所。

第五节 "课程思政示范二级学院"建设

教育部颁布的《高等学校课程思政建设指导纲要》，在明确课程思政的工作机制时，特别强调了"院系落实推进"，明确了课程思政建设落实的主体责任在"院系"。因此，为在各二级学院（部、中心）开展课程思政成效方面形成激励竞争机制，学校可开展课程思政示范二级学院（包括部、中心）建设，可以有效地推进课程思政落实落细全覆盖。

1. 组织保障

加强领导：成立由二级学院党委（党总支）书记和院长担任组长的工作小组；通过二级学院党委（总支）会议或院长办公会专题研究课程思政建设；每年召开1～2次专题会议研讨课程思政落实情况。

制定方案：制定课程思政建设工作方案等实施文件，建设工作方案要有目标、有规划、有内容、有节点。

经费支持：统筹各类资源，建立"课程思政建设"激励机制，每学期统计用于课程思政的教学改革、教师培训等经费的投入情况。

2. 师资建设

师德师风建设：树立"厚德思政""思政即育人"的教育教学理念，模范践行《新时代高校教师职业行为十项准则》，严格执行教学规范，杜绝教学事故。

课程思政能力提升：积极组织教师参加相关学习、培训、比赛等活动，尤其是学校主推的相关活动，保证有较多人次参与，覆盖面广。

团队建设：将课程思政建设成为基层教学组织主要工作内容。每学期组织开展一定的课程思政专项教研活动，建立课程思政集体教研制度；形成一定数量、多种类型的以课程思政优秀教师为引领的示范教学团队。

3. 教学建设与实施

体系建设：①专业教学单位对接学校人才培养定位和育人特色，结合教学改革实践，分析专业目标蕴含的育人内容，提炼专业育人要素，对应支撑专业的课程体系，分类分析公共基础课程、专业教育课程、实践类课程的育人特点，形成课程、课程群、专业间相互关联支撑的课程思政达成体系，编制《课程思政元素——课程与专业达成矩阵表》；②通识教学单位应主动对接专业，分析对各专业育人支撑的元素，形成学校层面通识课程（或课程群）模块的课程思政特色，以此深度挖掘通识课程（或课程群）的育人内涵和实施路径，做到门门不落空。

深度全覆盖：①一方面是横向覆盖，以专业为单位开展课程思政实施认定工作，引导教师填报实施认定表及佐证材料，推进课程思政全覆盖;②另一方面是纵向深入,按照"五进"推进课程思政贯穿人才培养全过程。"五进"即课程思政进课程大纲、进教案和课程设计、进教学资料(含 PPT)、进学生考核、进教学评价。

特色培育实践:①开展课程思政特色实践,模式、路径、方法和载体等相关方面推进有力,课程实施认定比例高,形成了丰富的优秀案例等总结示范材料。如浙水院创新提出"课程思政十法",针对五方面(师生认知、体系构建、教学实施、资源建设、评价监控)积极探索;②通识教学单位围绕课程思政重点建设了一系列校本特色课程,改革推进力度大、成效好。如浙水院重点建设"大学生写作与沟通""大学生核心素养导论""体育·CDIO""中国水文化概论"等。

建设与研究:①建设一批示范课程,积极培育和推选校级思政示范课程(按照公共基础课、专业教育课、实践课等分类建设);②建设一批优质教材,严格落实马克思主义理论研究和建设工程(以下简称"马工程")教材统一使用规定,马工程教材使用率达到100%;教材建设融入课程思政,积极开展各级重点教材建设;③申报一批研究项目,积极申报课程思政建设相关教育教学改革项目。

4. 示范建设及成效

反馈评价:①相关专业人才培养反馈评价高(依据第三方评价);②督导专家对课程相关指标评价高;③相关专项问卷调查中,学生认同度高、获得感强、体验好(即有动情点,包括情感共鸣、触动灵魂、启迪思想)。

取得成果:取得高水平成绩,形成较多的特色鲜明、创新性强的课程思政教研成果。特别是课程思政相关的省级及以上示范课程、教学团队、教材、教研项目、教学竞赛获奖、教研教改文章等,数量多、质量高。

宣传影响:充分发挥报刊、电视台、微博、微信、校园网等信息技术平台的作用,及时总结宣传推广典型经验,营造良好舆论氛围。

第六节 课程思政条件保障

课程思政是一项育人工作，牵涉到学校的方方面面。单由教务部门组织教师开展，课程思政是很难可持续推进的，容易成为无源之水、无本之木。因此，学校必须要在组织机构、部门职责、研究单位、激励政策、专项经费、评价考核以及办公场地、硬件设备和专职人员等方面予以条件保障。

1. 组织机构

《高等学校课程思政建设指导纲要》（教高〔2020〕3号）明确要求："各高校要建立党委统一领导、党政齐抓共管、教务部门牵头抓总、相关部门联动、院系落实推进、自身特色鲜明的课程思政建设工作格局。"因此浙水院按照文件精神要求，积极建立健全领导体制和工作机制。

（1）健全课程思政建设领导机制。全校上下明确"学校党委统一领导、党政齐抓共管、教务部门牵头抓总、相关部门联动、学院落实推进"的领导工作机制，完善各类相关文件，统筹推进课程思政建设工作。

（2）构建协同联动工作机制。学校成立"课程思政协同推进工作小组"，由教学校长担任组长，成员为教务处、宣传部、人事处、学生处、团委等相关部门和各教学相关单位的负责人。该工作组负责具体研讨审定实施方案和商讨相关年度工作，实现联动推进常态化，确保了课程思政建设工作落到实处。

（3）切实建立二级单位推进机制。制定课程思政建设的文件标准，向各二级教学单位明确提出推进机制要求："成立由二级学院党委（党总支）书记和院长担任双组长的工作小组，把课程思政建设纳入学院重点工作，且二级学院党委（党总支）会议或院长办公会，围绕课程思政建设，每年召开若干专题会议进行部署和落实。"

（4）建设专门研究机构。根据学校的人才培养特色和育人文化，可建设专门的课程思政教学研究中心（如浙水院成立了"水文化＋"课程思政教学研究中心），开展课程思政的专门理论与实践研究，成为学校实现课程思政总目标的"作战参谋部"，不断为"系统推进、典型引领、全面实践"把舵赋能，探索覆盖学校全学科专业的课程思政高效途径，逐步建立独具学校特色的育人模式。

按照研究中心建设目标，可以组建隶属于中心的校级教学团队，是推广应用课程思政教学经验、方法途径的教学组织（如浙水院组建了"水文化＋"课程思政教学团队），承担学校课程思政教学研究；教学指导，培训比赛指导；核心能力与素养测评指导、咨询服务。

2. 制度建设

2020年6月5日教育部出台《高等学校课程思政建设指导纲要》（以下简称《纲要》），学校对照《纲要》积极制定落实相关配套文件，形成较为全面且动态改进的制度体系，涉及组织机构、实施方案、规范制定、方法实践、示范建设、评价标准、特色培育等，在原有育人实践基础上持续完善改进，有力支持"进一步推进课程思政建设深化工作"。

3. 经费落实

学校在制定政策和经费执行时，要单列专项重点保障"课程思政"得以全面开展，并要积极通过项目形式对课程思政建设工作提供经费资助。浙水院在学校制定文件中对此进行了明确，如学校的《课程思政实施方案》中，重点明确了以下几个方面。

学校层面：每年学校年度预算应有重点计划保障，或在"教育教学研究建设和教师教学发展经费"中将课程思政作为重要内容列入。

学院层面：二级教学单位的经费保障是一项重要指标，对此提出要求，统筹各类资源，建立"课程思政建设"激励机制，每学期统计用于课程思政的教学改革、教师培训等经费的投入情况。在《课程思政示范二级学院建设评价指标》中进行相关明确规定。

专项重点：对重点项目重点保障，精准投入，持续蓄力。一方面是要素保障，对课程思政建设进行要素梳理，对关键点如课程思政教学研究中心建设经费、教师队伍的能力提升与培训经费等进行重点保障。另一方面是动态支撑，根据课程思政建设的开展情况，动态确定实施过程的重点，如阶段性相关体系建设和实践项目等，给予及时的专项经费投入。

4. 场地保障

课程思政是非思政类课程的教学理念与要求，全方位、全覆盖开展需要教育教学场地保障。浙水院目前在下沙用于课程思政的行政场所有办公室、会议室、资料室、交流培训展示室等，面积约 $800m^2$。同时，在建浙水院湖州南浔新校区，也规划了课程思政专项办公等用房约 $500m^2$，计划 2022 年投入使用。"水文化＋"课程思政教学研究中心已有较好的办公条件，满足了"一中心、六基地、一合作"的教学研究活动场所。

第七节 课程思政持续推进

立德树人是高校的根本任务，教书育人是教师的天职。因此，课程思政不是一蹴而就的，需要有坚持不懈的信念、勇往直前的追求、勇立潮头的担当、为党的教育事业奋斗终身的使命感。教师要形成自我激励机制，树立"厚德思政""思政即育人"的理念，培养引导育人责任感和成就感；职能部门要采用政策导向、制度激励，改变"重教书轻育人，重智育轻德育"的方向偏差，严把课堂教学质量关，坚守师德底线是高质量育人的前提；修订人才培养方案和课程教学大纲,将课程思政作为"高质量、有特色"人才培养的重要途径与方法;各级领导干部齐抓、各个职能部门共管、各位教师学生共建,把课程思政持续长效常态化推进。

1. 领导干部齐抓共管

全面推进高校课程思政建设是落实立德树人根本任务的具体举措。要按照"党委统一领导、党政部门协同配合、以行政渠道为主具体抓落实"的思路,明确"课程思政"建设中的各级主体责任,各级领导必须高度重视,否则仅凭教学部门很难持续常态化推进。要抓住制约课程思政建设的突出问题,在队伍建设、支持保障等方面采取有效措施;领导干部必须带头推动课程思政建设,带头深入第一课堂,研究解决教学实施过程中的问题。

"课程思政建设"须纳入各级年度重点工作内容,体现在二级教学单位的年度考核中。二级学院建立党委书记、院长带头抓课程思政运作机制,按照"一院一方案"落实课程思政建设要求,推行"一院一法",重点开展课程思政实践。

2. 完善人才培养方案

人才培养方案作为教学的纲领性文件,直接体现出本科人才培养理念和目标任务。学校在人才培养方案修订中,坚持立德树人的根本任务,实现课程思政贯穿人才培养全过程,须把握两个关键。一是全面落实德智体美劳"五育并举"基本要求;二是聚焦人才培养目标育人内涵,明确课程思政要素,并采用成果导向教育(OBE)理念进行细化落实。具体实施要求如下。

(1) 全面落实"五育并举"基本要求。

1) 制定人才培养方案原则意见,严格落实"五育并举"要求。《浙江水利水电学院关于制订2019版本科人才培养方案的原则意见》明确指出,"以习近平新时代中国特色社会主义思想为指导,按照德智体美劳全面发展人才培养的要求",按照"对照标准、突出特色、能力导向、融合创新、更新内容"原则,修订2019版本科人才培养方案，以国家一流专业为标杆，接轨工程教育专业认证，与"四新"建设同步，持续推进 SWH-CDIO-E 工程教育模式，并全面落实德智体美劳"五育并举"。

2) 动态微调人才培养方案，对标"五育并举"相关文件要求。本科人才培养方案修订"四年一轮回"，学校人才培养与时俱进，按需动态微调人才培养方案，各专业对照"五育并举"，持续检查是否遵照实施，达成要求。

(2) 将课程思政的育人理念固化在人才培养目标体系中。基于课程思政完善人才培养方案，各专业必须重新审视人才培养目标。针对人才培养目标，每个专业均要回答"培养什么人、怎样培养人、为谁培养人"这一根本性问题。这就需要根据学校定位、不同专业人才培养特点和专业能力素质要求，科学合理地把社会主义核心价值观的要求、实现民族复兴的理想和责任以及做人做事的基本道理融入专业人才培养目标。要切实落实这一点，必须精准提炼目标蕴含的育人元素，形成学校、专业、课程关联的育人元素的支撑体系，支撑关系如图 1-1 所示。

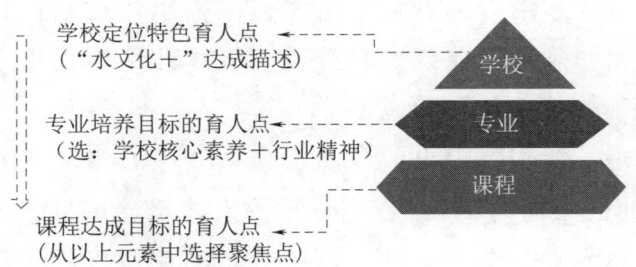

图 1-1　学校、专业、课程关联的育人元素支撑关系

为形成对接支撑，具体进行以下两个步骤。

1) 步骤一：提炼梳理专业培养目标蕴含育人元素。

承担梳理任务的主体责任人是专业负责人牵头下的专业组成员，由专业建设指导委员会审定，具体过程如下（图 1-2）。

调研分析：在培养社会主义建设者和接班人的教育方针下，各

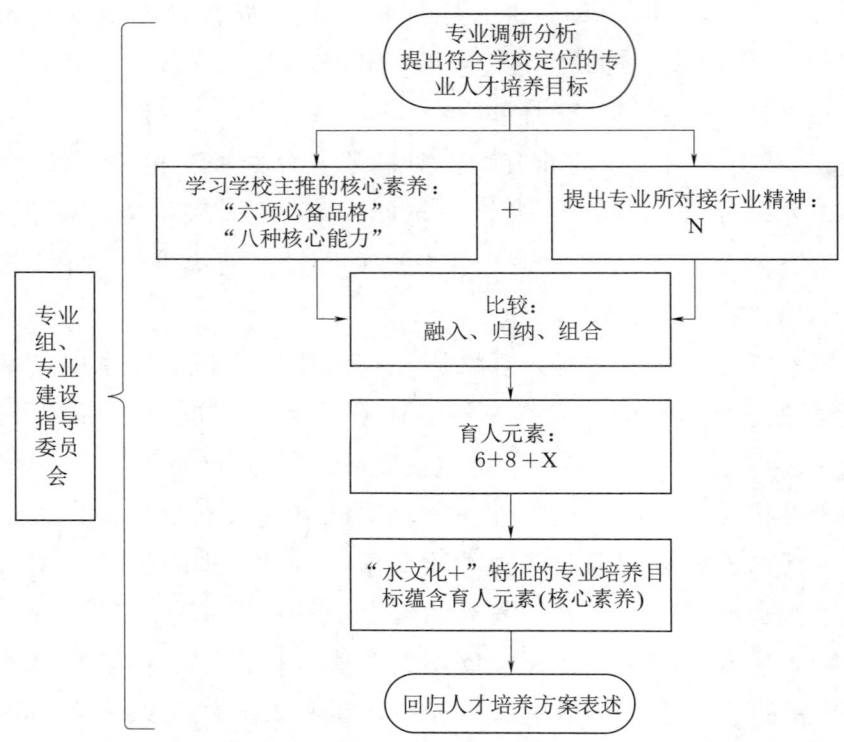

图 1-2 专业人才培养目标蕴含育人元素提炼流程图

专业科学分析人才培养的利益相关主体的需求,对利益相关主体进行调研,从而明确本专业到底培养什么人,并从中提出本专业培养人才所应具备的精神品质和能力要求。

比较处理:浙水院提出的"水文化+"核心素养("六项必备品格""八种核心能力"),是符合学校人才培养定位、体现育人特色的课程思政元素。在此基础上,结合各专业对接就业领域所传承的优良行业精神和品质,本着"以校为基、高度精练、突出特点"原则,进行元素的融入、归纳、组合处理,即尽量融入"六项必备品格""八种核心能力",最终形成"水文化+"特征的专业目标所蕴含的育人元素,可以是6/8或6/8+的组合形式。

回归表述:根据上述处理所形成的对接关系,将蕴含本专业育人元素的表述体现到专业人才培养方案的"培养目标"和"毕业要求"中，各专业编写育人元素与方案中表述的关联说明，进行正逆双向对接，有效完成融入支撑。

2）步骤二：形成基于课程思政元素的课程支撑体系。

参照"课程与毕业要求达成映射矩阵"，编制课程思政元素——课程与专业达成矩阵表（见本章第八节）。基于OBE理念，课程体系的建立要与人才培养目标和毕业要求相匹配，要有具体的课程进行有效支撑。因此结合学校人才培养定位和专业培养目标进行育人元素分析提炼后，还需对每门课程的达成目标中育人元素进行分析提炼，形成课程对专业的育人元素对接支撑，即实现上下贯通，形成育人合力。以农水专业为例，课程思政元素（必备品格）——课程与专业达成矩阵表见表1-1。

表1-1　　农水专业　课程思政元素（必备品格）
　　　　　——课程与专业达成矩阵表

序号	课程名称	课程思政元素（必备品格）					
		态度	相助	诚信	感恩	信仰	情怀
一	通识必修课（非思政课）						
1	线性代数	◆					
2	概率论与数理统计	◆					
3	大学物理				◆		
4	体育		◆	◆			
5	军事理论及训练		◆				◆
6	理论力学					◆	
7	高等数学	◆					
8	大学英语					◆	
9	大学生职业发展与就业指导	◆					
10	大学生核心素养导论	◆	◆	◆	◆	◆	◆
11	大学生心理健康				◆		
12	大学化学			◆			

第一章　课程思政实施路线

续表

序号	课程名称	课程思政元素（必备品格）					
		态度	相助	诚信	感恩	信仰	情怀
13	文献检索			◆			
14	应用文写作与沟通	◆	◆	◆	◆	◆	◆
二	专业必修课						
1	农业水利工程概论						◆
2	画法几何及工程制图	◆					
3	工程测量			◆			
4	工程地质及水文地质				◆	◆	
5	材料力学			◆			
6	结构力学			◆			
7	工程材料				◆		
8	水力学	◆					
9	土力学与地基基础						◆
10	钢筋混凝土结构				◆		
11	工程水文及水利计算		◆				
12	土壤与农作				◆		
13	水工建筑物		◆				
14	灌溉排水工程学	◆				◆	◆
15	水泵及水泵站					◆	
16	水利工程经济	◆					
17	水利工程概预算			◆			
18	建设监理概论			◆			◆
19	水利工程施工			◆			◆
20	电工及电气设备	◆					
21	节水灌溉理论与技术	◆			◆		
22	毕业设计（论文）	◆	◆	◆	◆	◆	◆

3. 完善课程教学大纲

课程教学大纲是落实"教师人人讲育人""课程门门有思政"的根本保证,因此在课程教学大纲中要明确课程目标的育人元素(核心素养),有利于课程思政的具体落实;同时也能够进一步明晰课程对专业的育人支撑,便于编制"课程思政元素——课程与专业达成矩阵表"。

那么如何梳理课程"融入的主要课程思政元素"?承担梳理任务的主体责任人是课程负责人牵头下的团队成员,由专业负责人审定,具体思路如下(图1-3)。

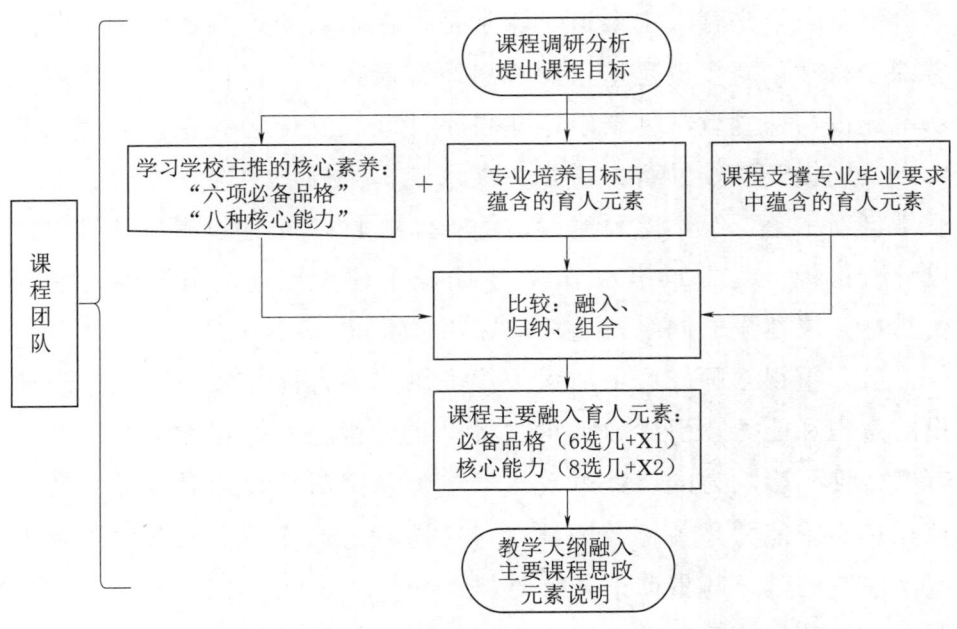

图1-3 课程目标融入育人元素提炼流程图

(1)调研分析:从所支撑的专业出发,结合面向学生的定位,对课程开展科学分析,每一门课程均可以从知识、能力、素质三方面进行课程目标的精确表述。

(2)比较处理:从三个方面进行比较提炼,一是从"课程与毕业要求达成度关系"的描述中提炼育人元素；二是专业培养目标中所蕴含的育人元素；三是学校主推的核心素养。浙水院课程育人元素尽可能从"六项必备品格""八种核心能力"中选择，多方面提炼的育人描述要素也尽可能融入其中，确实需要可增加，形成基于学校主推核心素养的基本组合形式。一般课程主要育人元素有3～5点即可。

（3）大纲修改：不改变原课程大纲的格式和形式，只需要在课程目标描述之后，补充"融入主要课程思政元素说明"即可（见本章第八节）。

4. 创建课程思政、课堂教学创新示范二级学院

课堂教学是育人主渠道，课堂是课程思政的主战场，浙水院的省课堂教学创新校也是基于课程思政开展特色建设，因此课程思政示范建设与课堂教学创新示范建设是关联又互促的关系，从两个着力点共同提升学校的育人质量。浙水院提出开展"课程思政、课堂教学创新示范二级学院"建设，每年推出1～3个建设点，并推出建设评价指标（见本章第八节），也明确了建设推动的方法。对照评价指标开展建设的同时，还需把握几个重点。

（1）重视教师能力：加强师德师风建设，提升教师课程思政建设的意识和能力；引导教师自觉将思政元素融入课程教学，培育具有实效性、影响力的课程思政教学名师和团队。教师对课程思政的认识和实施能力是关键，因此，对"课程思政十点共识""课程思政十法"的学习与贯彻十分重要。

（2）落实体系建设：围绕教学标准文件构建、完善科学合理的课程思政教学体系，具体体现在将课程思政元素融入专业人才培养方案、课程教学大纲中。

（3）切实落实全覆盖：为有效落实课程思政全覆盖，并切实取得实施佐证，需要以专业为单位，对所有课程全面开展课程思政实施认定，认定表可见本章第八节内容。

第七节　课程思政持续推进

（4）注重实效影响：课程思政建设的有效开展，除了依靠好的评价反馈和取得突出成绩，还取决于育人实效影响和是否全面形成良好的教风、学风。因此，有无较多的教师教学事故、学生考风考纪情况等本身也是重要观测点。

5. 加强宣传、推广应用

（1）积极开展交流宣讲活动。校级课程思政教学团队牵头组织专门宣讲团队，协同校教务处、教师教学发展中心、二级教学单位等，利用校内外多个平台，积极开展各类宣讲和讲座如教育部高校毕业生就业协会核心能力分会举办的研讨会、培训会，浙江省本科院校课程思政联盟交流活动，省内外高职院校、技师学院等开展的指导、设计和讲座，介绍学校课程思政的经验。

（2）积极推动线上线下展示平台建设。既要重点开展线上的专门课程思政网站建设，如浙水院"水文化＋课程思政教学研究中心"网站；又要创新开展线下特色空间建设，如浙水院"校课程思政展示馆"。线上线下、虚实结合，有效展示学校课程思政相关的理念、构思、研究成果、实践案例、活动信息等。

（3）积极推进宣传和应用材料制作。①积极加强相关内容的各类媒体宣传报道；②学校教师教学发展中心、现代教育中心等部门积极为课程思政相关各类微课录制、资源库建设提供信息化服务，实时记录课程思政开展活动，制作反映学校课程思政建设的短视频；③积极组织编著特色成果总结材料和宣传材料，如浙水院的《课程思政指南》《课程思政十法》《课程思政典型案例集》等。

6. 显性隐性结合

"课程思政"应坚持显性与隐性结合，可以从两个角度开展实施。

（1）学生角度：政治思想教育要实现显性教育与隐性教育的有机结合。①显性教育指的是直接对学生进行公开的政治思想教育和育人认知引导，如开设"大学生核心素养提升导论"课程，引导学生以"态度、相助、信仰、诚信、感恩、情怀"等核心价值观涵养自己，重视关注为人处事能力。学生认知提升、观念认同，可以更好地促进课程思政开展；②隐性教育指的是直接体现和潜移默化地获取有益学生个体身心健康和个性全面发展的教育性经验的活动方式及过程。通过隐性渗透、寓道德教育于各门专业课程之中，以润物细无声、滴水穿石的方式，实现课程思政显性教育与隐性教育的有机结合。

（2）教师角度：课程思政有效实施需要教师进行"显性设计、隐性实施"。教师在进行课堂教学设计时需要有明确的教学目的和意图，因此要将课程思政要素有效融入课程教学，在课程设计时，需要开展基于课程思政的课程设计和课堂教学设计（见本章第八节）。而教学实施时采取隐性方式，有利于课程思政取得润物无声、潜移默化的良好效果。

第八节 课程思政建设用表

根据学校的"水文化+"课程思政教学研究中心和教学团队近两年的研究，制定了课程思政的系列用表：专业课程思政元素达成用表、教学大纲补充"融入主要课程思政元素说明"示例、课堂教学创新示范二级学院建设评价指标、课程思政示范二级学院建设评价指标、课程思政实施认定表、基于课程思政的课程设计表、基于课程思政的课堂教学设计表。以下将该系列用表分享给有课程思政需要的读者，供读者借鉴，并欢迎提出宝贵意见。

1. 专业课程思政元素达成用表

××××专业 课程思政元素——课程与专业达成矩阵表见表1-2。

第八节 课程思政建设用表

表 1-2　　××××专业　课程思政元素
——课程与专业达成矩阵表

序号	课程名称	必备品格					核心能力						
		态度	相助	诚信	感恩	信仰	情怀	书面表达	口头表达	团队合作	沟通交往	耐心倾听	情绪管理	信息处理	自主学习
一	通识必修课（非思政课）												
1														
2														
3														
4														
5														
6														
7														
二	专业必修课												
1														
2														
3														
4														
5														
6														
7														
8														
9														
⋮														

注　确有需要，元素列可增加。

2. 教学大纲补充"融入主要课程思政元素说明"示例

浙江水利水电学院

"××××"教学大纲

（配套 2019 版人才培养方案，理论课程）

一、基本情况

课程编码		课程学分		总学时	
英文名称				理论学时	
课程类别	通识必修课/通识选修课/专业必修课/专业选修课；选填其一			实验学时	
			实践学时	其他学时	
先修课程					
适用专业				小计	
开课单位		基层教学组织			

二、课程简介

（正文：黑色宋体、五号，行距：20 磅，下同）

（包括课程性质、作用、前后续衔接课程等简介）

以下为示例：此课程是针对机械工程和动力工程及工程热物理各专业的本科专业基础课程，它既是变形固体力学的入门，又为设计工程实际构件提供必要的理论基础……

三、教学目标

说明：本课程应达到的主要教学目标，要便于与认证专业的毕业要求指标对接。

以下为示例：

1. 课程目标

课程目标 1：掌握研究杆件的内力、应力、变形分布规律的基本原理和方法，熟练掌握构件在基本变形和组合变形下可靠使用的分析及设计方法，初步掌握能量法在材料力学中的应用。

课程目标 2：学会操作实验设备和仪器，进行材料性能的测定以及应力-应变曲线的表征，并具备一定的实验分析能力。

本课程融入主要课程思政元素说明：

（1）必备品格：态度、情感。

（2）核心能力：团队合作。

3. 课堂教学创新示范二级学院建设评价指标

浙江水利水电学院课堂教学创新示范二级学院建设评价指标见表1-3。

表1-3　　浙江水利水电学院课堂教学创新示范
二级学院建设评价指标表

一级指标	二级指标	建设内容	分值
1. 组织保障（15分）	1.1 组织领导	坚持以习近平新时代中国特色社会主义思想为指导，全面贯彻党的教育方针，坚持社会主义办学方向，成立由二级学院党委（党总支）书记和院长担任组长的工作小组，把课程思政建设纳入学院重点工作，党政齐抓共管、统筹推进，坚持立德树人，围绕课堂教学实效，不断提升育人水平	5
	1.2 顶层设计	制定课堂教学创新及课程思政建设工作方案，责任明确、制度健全、强化管理，有序落实学校的《课程思政实施方案》和《课堂教学创新行动方案》	5
	1.3 投入激励	统筹各类资源，加大经费投入力度，建立"课堂教学创新""课程思政建设"激励机制	5
2. 师资建设（10分）	2.1 理念提升	加强教师课程思政教学能力建设，积极组织教师参加相关学习培训，提升教师课堂教学水平，尤其是学校主推的相关理念提升计划和培训、活动、会议有较多人次和覆盖度	5
	2.2 团队建设	以课堂教学有效性为核心，形成一定数量、多种类型的以课程思政示范优秀教师为引领的课程教学团队，开展经常性的集体教研、教学观摩、经验交流，促进基层教学组织建设取得成效	5
3. 教学建设与实施（55分）	3.1 教学体系完善	围绕德智体美劳"五育并举"，完善人才培养方案，并落实到位。有针对性地对接专业目标，提炼专业育人要素，并与课程目标对接，形成育人指标体系，落实课程思政与专业思政的一致性，构建涵盖公共基础课程、专业教育课程、实践类课程在内的课程思政教学体系。（通识教学单位可以从大通识角度对接专业构建课程思政教学体系）	5

续表

一级指标	二级指标	建设内容	分值
3. 教学建设与实施（55分）	3.2 课程思政全覆盖深化	课程思政覆盖100%，将课程思政贯穿人才培养全过程，对照"五进"[进课程大纲、进教案和课程设计、进教学资料（含PPT）、进学生考核、进教学评价，包括理论与实践所有教学环节]要求落实	15
	3.3 课程思政特色实践	围绕"课程思政十法"探索课程思政特色实践的模式、方法、载体。项目制、三位一体考核、体验式教育、线上课程思政、行走课堂等的实施推进有力（通识教学单位重点推进通识特色课），课程思政示范课、优秀案例等参与度和入选率高	15
	3.4 课堂教学效果提升	（1）五大"金课"（线上一流课程、线下一流课程、线上线下混合式一流课程、虚拟仿真实验教学一流课程、社会实践一流课程）建设门数和层次为各学院前列。 （2）交叉学科课、双创课程等建设有成效。 （3）强化课堂设计，探索符合两性一度（即高阶性、创新性、挑战度）的先进做法，促进育人成效。 （4）强化现代信息技术与教育教学深度融合，提高教学效率，以SPOC混合教学形式推进翻转课堂实践产生成效。 （5）强化互动，激发课堂活力，积极提高课堂教学有效性，基于OBE理念的课堂教学评价整体情况在各学院前列	15
	3.5 教学改革研究	加强课堂教学改革及课程思政建设重点、难点、前瞻性问题研究，相关教育教学改革项目立项数量多、质量好、层次高	5
4. 特色成效（20分）	4.1 建设成效	有示范引领作用。在教学中实现价值塑造与知识传授、能力培养一体化推进，学生认同度高、获得感强、学习体验好，督导专家评价高，相关评价或调查为各学院前列	5
	4.2 教学成果	建设高水平特别是省级及以上的课程思政示范课程、课程思政教学团队等示范点，教材建设数量和质量情况在各学院前列，公开发表相关成果的教研教改文章数量多、质量高，形成一批特色鲜明、创新性强的课程思政教科研成果	10
	4.3 宣传影响	充分发挥报刊、电视台、微博、微信、校园网等信息技术平台的作用，及时总结宣传推广典型经验，营造良好舆论氛围	5

第八节　课程思政建设用表

4. 课程思政示范二级学院建设评价指标

浙江水利水电学院课程思政示范二级学院建设评价指标见表1-4。

表1-4　　　　浙江水利水电学院课程思政示范
二级学院建设评价指标表

一级指标	二级指标	建设内容	分值
1. 组织保障（15分）	1.1 组织领导	成立由二级学院党委（党总支）书记和院长担任组长的工作小组，把课程思政建设纳入学院重点工作；二级学院党委（党总支）会议或院长办公会要围绕课程思政建设，每年召开专题会议，并统计落实情况	5
	1.2 工作机制	制定课程思政建设工作方案等实施文件，建设方案（2021—2023年）有目标、有规划、有内容、有节点	5
	1.3 经费保障	统筹各类资源，建立"课程思政建设"激励机制，每学期统计用于课程思政的教学改革、教师培训等经费的投入情况	5
2. 师资建设（10分）	2.1 师资培养	（1）师德师风建设扎实推进，模范践行《新时代高校教师职业行为十项准则》，严格执行教学规范。 （2）加强教师课程思政教学能力建设，积极组织参加相关学习、培训、比赛等活动，尤其是学校主推的"新时代教育与课程思政""课程思政与教育教学能力"等教师培训课程以及"课程思政讲课比赛"等，有较多人次参与和覆盖度	5
	2.2 团队建设	课程思政建设成为基层教学组织主要工作内容，每学期组织开展一定的课程思政专项教研活动，建立课程思政集体教研制度；形成一定数量、多种类型的以课程思政优秀教师为引领的示范教学团队	5
3. 教学建设与实施（55分）	3.1 体系建设	（1）结合深化推进SWH-CDIO-E、工程教育专业认证以及新工科、新农科、新文科等教学改革实践，对应专业育人目标，提炼专业育人要素，形成专业育人指标体系，分类分析公共基础课程、专业教育课程、实践类课程的育人特点，形成课程、课程群、专业间相互关联支撑的课程思政达成体系，尝试对应构建一体化育人指标映射矩阵。 （2）通识教学单位应主动对接专业，研究专业育人需求，深度挖掘通识课程（或课程群）的育人内涵和实施路径，尝试构建课程（或课程群）与不同专业（或专业群）间的育人指标映射矩阵，做到门门不落空	10

第一章 课程思政实施路线

续表

一级指标	二级指标	建设内容	分值
3. 教学建设与实施（55分）	3.2 深度全覆盖	推进课程思政覆盖，将课程思政贯穿人才培养全过程，对照"五进"[进课程大纲、进教案和课程设计、进教学资料（含PPT）、进学生考核、进教学评价，包括理论与实践所有教学环节]的落实情况	15
	3.3 特色实践	围绕"课程思政十法"探索课程思政特色实践的模式、路径、方法和载体；项目制、三位一体考核、体验式教育、线上课程思政、行走课堂等的实施推进有力，思政元素和育人资源库建设有成效，相关课程实施认定比例高、入选优秀案例等总结示范材料比例高。通识教学单位重点建设"大学生写作与沟通""大学生核心素养导论""体育·CDIO""中国水文化概论"等课程，改革推进力度大、有成效	15
	3.4 建设与研究	（1）示范课程：积极培育和推选校级课程思政示范课程（按照公共基础课、专业教育课、实践课等分类建设）。 （2）教材建设：严格落实马工程教材统一使用规定，马工程教材使用率达到100%；积极建设校级课程思政重点教材和教学指导用书。 （3）研究项目：积极申报课程思政建设相关教育教学改革项目	15
4. 示范建设及成效（20分）	4.1 建设成效	相关评价或调查为各学院前列。专业人才培养反馈相关素质高（依据第三方评价）；督导专家对课程相关指标评价高；相关专项问卷调查中，学生认同度高、获得感强、学习体验好	5
	4.2 教学成果	取得高水平成绩，形成较多的特色鲜明、创新性强的课程思政教科研成果。特别是省级及以上的课程思政示范课程、课程思政教学团队等示范点；省级及以上教材和相关项目较多；公开发表相关成果的教研教改文章数量多、质量高；课程思政教学竞赛等方面获得较多的荣誉或奖励	10
	4.3 宣传影响	充分发挥报刊、电视台、微博、微信、校园网等信息技术平台的作用，及时总结宣传推广典型经验，营造良好舆论氛围	5

第八节 课程思政建设用表

5. 课程思政实施认定用表

浙江水利水电学院课程思政实施认定见表1-5。

表1-5　　浙江水利水电学院课程思政实施认定表

学期：_____　　填报单位：_____

课程名称		课程负责人	
面向专业		学时/学分	
课程性质	□通识教育课程　　□专业基础课程　　□专业课程		
主要融入课程思政元素（"水文化+"育人元素）	必备品格： □态度　　　□相助　　　□感恩 □诚信　　　□信仰　　　□情怀　　□_____		
	关键能力： □书面表达　□口头表达　□团队合作　□沟通交往 □耐心倾听　□情绪管理　□信息处理　□自主学习　□_____		

落实"课程思政"具体做法和融入点（限500字以内）：

教研室意见：

　　　　　　　　　　　　　　　　　　　　　　　　负责人签字：
　　　　　　　　　　　　　　　　　　　　　　　　　　年　月　日

二级学院（部、中心）意见：

　　　　　　　　　　　　　　　　　　　　　　　　负责人签字（盖章）：
　　　　　　　　　　　　　　　　　　　　　　　　　　年　月　日

注　具体佐证材料附后。

6. 课程设计用表

浙江水利水电学院基于课程思政的课程设计见表1-6。

表1-6　浙江水利水电学院基于课程思政的课程设计表

课程名称：_____　开课单位：_____　开课学期：__/__学年第__学期
授课教师：_____　授课专业：_____　学生人数：_____
学　　时：_____　学时分配：理论____ 实验____　学　分：_____

一、教学基本情况		
课程类别	☐通识教育课　☐专业课　☐实践课	☐必修　☐选修
教学形式	☐线上　　　☐线下　　☐线上线下混合	☐考试　☐考查
课程建设	☐一流　☐思政示范　☐项目制　☐三位一体　☐交叉　☐其他：	
使用教材		

二、学情分析	
衔接课程	先修课程为××，后修课程为××
知识背景	

三、教学目标

（结合我校办学定位、学生情况、专业人才培养要求，简要描述学习本课程后应该达到的知识、能力、素质目标，重点描述素质目标。）

教学目标	描述：（包括知识目标、能力目标、素质目标的本次课目标达成描述）
	必备品格： ☐态度　　☐相助　　☐感恩 ☐诚信　　☐信仰　　☐情怀　　☐_____ 核心能力： ☐口头沟通　☐写作表达　☐团队合作　☐耐心倾听 ☐沟通交往　☐情绪管理　☐信息处理　☐自主学习　☐_____

四、教学理念与手段	
教学理念	
教学手段	

续表

五、教学内容

序号	教学内容概述	课程思政育人目标	教学方法

六、教学考核与评价

（通过考勤、作业、课上提问、随堂测验、小组讨论、课内实验、期末考试、期末考查等方式，对学生知识掌握、技能提升、素养培养等情况进行综合评价。）

成绩评定方式：过程性成绩占比××％；终结性成绩占比××％。其中过程性成绩评定指标包括考勤、作业、课上提问、实做项目、随堂测验等。

七、特色与创新点

（概述本课程的教学特色与创新点。）

课程负责人签字：_____ 单位负责人签字：_____ （单位盖章）

7. 课堂教学设计用表

浙江水利水电学院基于课程思政的课堂教学设计见表1-7。

表1-7　浙江水利水电学院基于课程思政的课堂教学设计表

开课单位		授课教师	
授课专业		授课日期	
教材章节		教学时长	
课程类别	□通识教育课　　□专业课　　□实践课		
教学目标	描述：（包括知识目标、能力目标、素质目标的本次课目标达成描述） 其中，本次课融入课程思政元素为： （列出具体的核心素养）		
教学重难点			
教学理念、教学方法概述	（本次课以教学目标导向、以学生为中心，采用BOPPPS教学模式进行教学设计……）		

	教学环节	教学时长	教学内容、方法、方式	课程思政元素融入说明
教学实施过程				

课后拓展	（课后作业、调研、实验以及阅读等。）
教学反思	（简要评析课程教学的实施效果、存在的问题及改进思路、注意事项等，结合教学实际反思概述。）

注　针对课程思政教学内容，按一个教学单元（一次课）编写；项目制课程可按一个项目单元编写。

第二章 课程思政先行案例

第一节 SWH-CDIO-E 工程教育模式的创建（案例1）

为培养"德才兼备"的高素质应用型人才，实现"以水育人、以文化人"的人才培养理念，浙水院将学校"水文化"特色与国际先进的 CDIO 工程教育模式对接，基于 OBE 理念，创新构建了 SWH-CDIO-E 工程教育模式。在人才培养过程中，将"水文化"蕴含的育人元素——"水的品质""水利精神"全程融入人才培养全过程，并以结果为导向，搭建"四大能力"平台，推行"项目制"教学，实现软硬技能并重培养。该模式覆盖浙水院所有工科专业，年获益学生达 2000 人以上，成果推广辐射浙江省内外，学员来自全国各地，近 200 多所高校 100 万以上的师生参加了学习，共培训 3 万多名教师。相关实施成果获 2 项浙江省教学成果一等奖。

一、SWH-CDIO-E 工程教育模式的内涵

SWH-CDIO-E 工程教育模式框架如图 2-1 所示。

（一）SWH

SWH 为"水文化"的汉语拼音首字母，蕴指以"水的品质""水利精神"为核心的育人元素，提炼涵盖"献身、负责、求实"的职业态度，聚水成海的团队合作能力，润物无声的沟通交往能

力，融会贯通的解决问题能力，以柔克刚的创新应变能力，滴水穿石的坚忍不拔毅力，海纳百川的胸襟气度，上善若水的至上品质，奔流不息、勇立潮头的开拓精神。

做人如水，要学会包容，正直守法，心怀梦想，自强不息；做事如水，要锲而不舍，团队合作，创新应变，回馈社会。

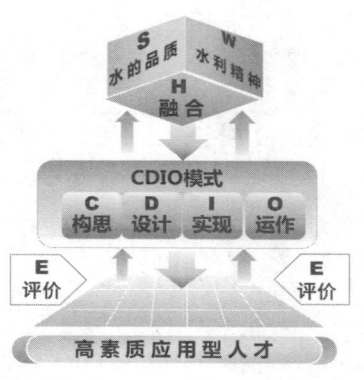

图 2-1 SWH-CDIO-E 工程教育模式框架

（二）CDIO

CDIO 工程教育模式是国际工程教育界公认的先进人才培养模式，是以美国麻省理工学院和瑞典皇家理工学院等四所世界著名理工科大学组成的跨国研究。是美国工程院士 Edward Crawley 教授等人在 Wallenberg 基金会资助下，于 2004 年创立，在 2010 年获美国工程界最高奖"戈登奖"。

CDIO 代表构思（conceive）、设计（design）、实现（implement）和运作（operate），它依据的是现代工业产品从构思研发到运行乃至终结废弃的全生命过程。CDIO 工程教育模式以分级项目为载体，让学生以主动的、实践的、课程之间有机联系的方式，在学习工程技术的过程中，既提高创新能力、实践动手能力和综合解决问题能力，又培养系统性思维、批判性思维和团队协作精神与沟通交往能力。

其核心内容包括 1 个愿景、1 个大纲和 12 条标准。CDIO 的愿景是为学生提供一种强调工程基础、建立在真实世界的产品和系统背景环境基础上的工程教育。CDIO 的大纲对学生提出四个层面的能力要求——工程知识和推理、个人专业能力和素质、团队合作与沟通能力及在企业和社会环境下构思、设计、实施、运行综合系统的能力。CDIO 的 12 条标准是对整个模式实施的全面指引，也是对

第一节 SWH-CDIO-E 工程教育模式的创建（案例1）

是否实践 CDIO 教学理念的系统检验，使工程教育改革具体化、可操作、可测量，对学生和教师都具有重要指导意义。

因其系统性、科学性和先进性的统一，CDIO 理念一经提出就受到工程界和教育界的广泛关注，按 CDIO 模式培养的学生深受社会与企业欢迎。

（三）E

E 代表"评价"（evaluation），来源于 OBE（outcomes-based education）理论以及工程教育认证的核心理念，强调以结果为导向持续改进的质量文化，对人才培养的质量进行全面、客观地评估。这个结果，即学习产出，是学生毕业时应达到的能力及其水平。

宏观的评价聚焦"专业层面"，来自外部，主要来自用人单位、教育评估院等第三方对毕业生质量的评价反馈，教育主管部门或第三方认证机构组织的专业评估、专业认证等。专业评价体现的是专业人才培养目标的达成度，反映毕业生能否满足经济社会发展的需要。评价结果是调整人才培养目标、重建课程体系、完善教育保障、持续改进专业建设的重要依据。

微观的评价聚焦"课程层面"，主要来自内部的质量控制，包括对学生学业的多元评价、对课程教学的评价。课程评价体现的是课程教学匹配专业能力大纲的贡献度。评价结果是调整课程教学目标、重构教学内容、改革教学方法的重要依据。如果课程教学被证明无法为培养学生特定能力做出贡献，或者学生没有达成课程预期的培养目标，它们就需要改革重建。

所有的评价结果应及时全面地反馈给学生、教师及其他利益相关者，以促进专业教育持续改进、协同推进。

二、SWH-CDIO-E 工程教育模式的落地

各二级学院基于学校 SWH-CDIO-E 模式的顶层设计，以专业群为单位创建了各具特色的人才培养模式（表2-1），通过

改革课堂教学模式,主推"项目制"教学、案例教学、翻转课堂和智慧课堂,实施"知识、技能、态度"三位一体考核予以落地落实。

表2-1 基于SWH-CDIO-E顶层设计的各专业人才培养模式

序号	二级学院	专业群	人才培养模式
1	水利学院	水利类	"一线、二化、四融合"的SWH-CDIO-E人才培养模式
2	测市学院	测绘类	"一主线、二融合、三统一"的SWH-CDIO-E人才培养模式
3	建工学院	土木类	基于工程项目为载体的SWH-CDIO-E人才培养模式
4	电气学院	电气类	"一主、两合、四能、五化"的SWH-CDIO-E人才培养模式
5	机械学院	机械类	"3+1"型的SWH-CDIO-E人才培养模式
6	信息学院	软件类	"四化、三融合"的SWH-CDIO-E人才培养模式

实施SWH-CDIO-E工程教育模式的最终目标,是希望在正确的理念指导下,通过合适的载体和方式,并重培养学生的软技能和硬技能,实现"上手快、后劲足"的高素质应用型人才培养目标。引导学生做人如水,做事如水,软硬兼备,刚柔并济。模式的创建符合新工科和新时代发展提出的人才要求,符合工程教育专业认证的核心理念,能将高校教书育人职能与文化传承职能完美结合,具备先进性、科学性和高阶性。

三、"水文化+"育人元素的融入

SWH-CDIO-E工程教育模式是本土化的人才培养模式。主要借鉴了国际先进的CDIO模式和OBE理论,并嫁接了"水文化"特色,突出以"水的品质""水利精神"为主体的大学生职业核心素养培养。其核心内容包括:一个愿景,实现软硬技能兼备的高素质应用型特色人才培养目标;一个能力大纲,对学生提出工程知识和逻辑思维、软技能、硬技能三个方面的目标要求;九条标准,作为SWH-CDIO-E工程教育模式实施的全面指引和检验标准。本书主要关注的是如何将"水文化+"育人元素全程渗人才培养全过程。

（一）SWH-CDIO-E 愿景

构建一个现代的、基于团队环境的，提供工程产品、过程和系统的构思-设计-实现-运行（CDIO）过程的教育背景，理实融合，实践育人；以结果为导向，强调软硬技能并重培养，在培养学生专业硬技能的同时，注重以"水的品质""水利精神"为核心的职业核心素养培养，增强学生应对市场变化和可持续发展能力，培养"上手快、后劲足"的高素质应用型特色人才。

（二）SWH-CDIO-E 能力大纲

新时代需要什么样的工科毕业生？即工科毕业生应具备怎样的知识、技能和素养？其水平应达到什么程度？SWH-CDIO-E 能力大纲为回答这些问题提供了清晰、完整、系统的答案，代表了工程教育的具体目标，以便在校学生、任课教师、教学管理及学生管理人员、教学辅助人员、校友及工业界等所有与工程教育直接相关者都能够理解，并在整个教育系统实现中发挥各自的作用。

根据对利益相关者的深入调研，并结合一线工程师的职业技能构成，SWH-CDIO-E 能力体系由工程知识和逻辑思维、软技能、硬技能三部分组成。其中，软技能各专业通用，主要包括人文精神、态度与习惯、职业道德、交流表达、团队合作等五个方面。硬技能包括工程基础能力、专业基本能力、专业综合能力，具体由各专业细化。

SWH-CDIO-E 能力体例示例如下。

Ⅰ 工程知识和逻辑思维

Ⅰ.1 基础科学知识

Ⅰ.2 核心工程基础知识（由具体专业确定）

Ⅰ.3 高级工程基础知识（由具体专业确定）

Ⅱ 软技能（职业核心能力，关键能力，各专业通用）

Ⅱ.1 人文精神

Ⅱ.1.1　强调以人为本，重视人、尊重人、关心人、爱护人

Ⅱ.1.2　传承中华民族的优秀文化素养

Ⅱ.1.3　培养真诚善良的社会情感

Ⅱ.2　态度与习惯

Ⅱ.2.1　柔而隐则于内的谦虚态度

Ⅱ.2.2　奔流不息的人生追求和终生学习

Ⅱ.2.3　滴水穿石的坚韧毅力

Ⅱ.2.4　融会贯通的解决问题能力

Ⅱ.2.5　以柔克刚的创新应变能力

Ⅱ.2.6　细水长流的自我管理能力

Ⅱ.3　职业道德

Ⅱ.3.1　献身、负责、求实的职业精神

Ⅱ.3.2　主动规划个人职业生涯

Ⅱ.3.3　工程对社会的影响

Ⅱ.4　交流表达

Ⅱ.4.1　口头表达和人际交往

Ⅱ.4.2　书面表达和函件交流

Ⅱ.4.3　技术文本和图表交流

Ⅱ.4.4　网络和多媒体交流

Ⅱ.4.5　外语交流

Ⅱ.5　团队合作

Ⅱ.5.1　团队精神与技术协作

Ⅱ.5.2　团队责任与主动工作

Ⅱ.5.3　团队沟通与冲突处理

Ⅱ.5.4　团队领导力

Ⅱ.5.5　团队执行力

Ⅲ　硬技能（由各专业细化）

Ⅲ.1　工程基础能力

第一节 SWH–CDIO–E 工程教育模式的创建（案例 1）

Ⅲ.1.1 工程推理和解决问题

Ⅲ.1.2 实验和发现知识

Ⅲ.1.3 系统思维与数字化能力

Ⅲ.1.4 信息获取与国际化

Ⅲ.2 专业基本能力

（由各专业补充）

Ⅲ.3 专业综合能力

（由各专业补充）

（三）SWH–CDIO–E 标准

SWH–CDIO–E 标准从构建 SWH–CDIO–E 基本环境，明确专业人才培养目标，制定一体化人才培养方案，搭建"四大能力"平台，采用"项目制"教学、案例教学、翻转课堂，构建全程能力训练与测评认证体系，学生学业考核，教师教学能力提高及专业人才培养目标达成评价九个方面，对整个模式的实施进行指引和检验，对学生和教师都具有重要的指导意义。

1. 构建 SWH–CDIO–E 基本环境

描述：将产品、过程和系统生命周期的开发与运用的构思、设计、实现、运行（CDIO）作为工程教育的背景环境，强调软硬技能并重培养。在培养学生专业硬技能的同时，注重以"水利精神""水的品质"为核心的软技能培养。

证据：（1）在专业人才培养方案、项目（课程）标准、教案等教学基本文件中，明确表明本专业基于 SWH–CDIO–E 理念的培养模式。

（2）教师和学生都能够解释将产品、过程和系统的生命周期作为工程教育背景环境的原则。

（3）尽早开设"工程导论"或"专业导论"课程，作为产品过程和系统生命周期的初级引导项目。

（4）尽早开设"大学生核心素养导论"课程并全程全员渗透。

2. 明确专业人才培养目标

描述：明确列出 SWH-CDIO-E 能力大纲中的各项指标内容，以及预期熟练程度或标准。为使专业培养目标同行业需求保持一致，培养目标要通过主要利益相关者的认可或审查。

证据：（1）专业人才培养目标中，明确列出其毕业生所需获得的知识、软技能和硬技能等方面的要求。

（2）SWH-CDIO-E 能力大纲中，结合专业细化各项指标，形成各专业 SWH-CDIO-E 能力大纲。

（3）培养目标涉及各项指标的熟练程度，是通过主要利益相关者的认可而确立的。

（4）主要利益相关者包括教师、学生、用人单位和行业企业专家。

3. 制定一体化人才培养方案

描述：制订课程之间互相支持，能力与学科知识充分融合、一体化的人才培养方案。每一具体能力的培养落实到培养方案中相对应的课程和课外活动中，学生在学习工程知识的同时获取软技能和硬技能的提高。

证据：（1）形成基于 SWH-CDIO-E 的专业人才培养方案，绘制课程体系鱼骨图，明确阐明各学科知识之间的联系。

（2）精心选取各级项目，既整合专业教学标准的基本内容，又要提供完整的 CDIO 工程教育背景，实现工程知识、软硬技能并重培养的人才培养目标。

（3）教师和学生熟知人才培养方案的内容，并发挥积极作用。

（4）教师和学生重视软硬技能培养，并积极落实在第一课堂、第二课堂和第三课堂。

4. 搭建"四大能力"平台

描述：专业一体化的人才培养方案中，明确搭建职业核心能力（软技能）平台、工程基础能力平台、专业基本能力平台、专业综合能力平台,将每一具体能力的培养落实到相应的课程和课外活动中,并为落实培养目标提供实践场所。"四大能力"平台的建设,强调动手学习、团队互动,在辅助知识学习的同时,辅助产品、过程和系统建造能力的培养及社会化能力的学习养成。

证据:(1)"四大能力"平台构建方案,明确各能力平台对应的课程支撑和实践场所支撑,并写入人才培养方案。

(2)"四大能力"平台依据为专业 SWH-CDIO-E 能力大纲中的软硬技能。

(3)实践场所以学生为中心,方便学生使用、操作和互动,支撑"四大能力"的培养。

(4)各实践场所开放运行记录。

5. 采用"项目制"教学、案例教学、翻转课堂

描述:课程教学主动适应专业人才培养目标,将工程实践问题和学科问题相结合,各专业 5~8 门核心课程采用"项目制"教学、案例教学、翻转课堂,强调以学生为中心的互动教学。

证据:(1)制定一体化的项目(课程)标准(设计说明),并绘制项目(课程)能力矩阵。在项目(课程)目标中,围绕专业培养目标对应整合了课程教学培养的相关知识、软技能与硬技能。

(2)采用"项目制"教学、案例教学、翻转课堂的教学文本和学习成果。

(3)有工程经历的教师直接参与、校企合作共同设计共同实施"项目制"教学、案例教学、翻转课堂。

(4)学生积极参与学科技能竞赛项目、教师科研科技服务项目。

6. 构建全程能力训练与测评认证体系

描述:依据各专业人才培养方案和 SWH-CDIO-E 能力大纲,制定全程能力训练项目,明确拟达到的标准,每个学期选择 1~2 个

能力项目进行测评认证，为能力项目全部通过者发放"能力证书"；测评标准优先考虑采用国家标准、行业标准、地方标准，或者校企共同开发编制相应校级测评标准。

证据：（1）依据各专业人才培养方案和 SWH-CDIO-E 能力大纲，制定全程能力训练和测评认证方案，并写入人才培养方案。

（2）各能力测评认证标准。

（3）各能力测评认证成绩分析（能力证书发放情况）。

（4）开展能力测评认证的过程资料。

7. 学生学业考核

描述：针对项目（课程）涉及的工程知识、软技能及硬技能目标，基于形成性、多元化、发展性的评价理念，采用相应的各种考核方法，包括笔试、口试、观察学生的表现、汇报与答辩、作业卷案、论文、互评和自评等。

证据：（1）教学大纲中明确了与学习目标相适应的考核方法。

（2）考核方法在教学实践中得到了成功实施。

（3）多数项目（课程）采用了"知识、技能、态度"（KSA）三位一体考核方式。

（4）及时对学生能力达成情况进行分析，以改进教学实践。

8. 教师教学能力提高

描述：引导、鼓励教师提升 SWH-CDIO-E 的教学能力，并进行有计划的落实，包括：支持教师参加企业锻炼、科技服务，提供平台经常性地开展教学观摩和研讨交流；针对性地引进有工程经验的教师、企业专家深度参与教学实践，并与专职教师互为补充。

证据：（1）教师参加企业实践锻炼、教学交流、培训、学习的计划。

（2）教师参加企业实践锻炼、教学交流、培训、学习的记录。

（3）有一支教师和工程师资格兼具、教学能力和工程实践能力兼备的"双师双能型"教学团队。

（4）兼职教师参加专业建设、课程建设的记录。

9. 专业人才培养目标达成评价

描述：以专业人才培养目标和毕业生应达到的各项毕业要求为导向，通过毕业设计、就业情况分析、毕业生调查、用人单位调查、专业认证、专业评估等，对人才培养目标达成度进行评价，从而调整相应专业能力大纲和一体化人才培养方案、师资队伍建设、教学条件建设、课堂教学实施等各个环节，进行持续不断的实践和改进。

证据：（1）毕业要求的各项达成结果评估、毕业设计综合评估。

（2）毕业生的毕业率、获得学位比例，一次就业率、就业质量、创新创业参与度，研究生录取率。

（3）建立毕业生、利益相关者对人才培养目标达成度进行评价的良好循环运作机制。

（4）第三方组织或经有关部门认定的毕业生跟踪调查报告及用人单位、毕业生反馈信息等。

（5）教育主管部门或第三方认证机构组织的专业评估、专业认证结果和质量报告。

第二节　职业核心能力全程式融入第一课堂（案例2）

《国家中长期教育改革和发展纲要（2010—2020年）》强调，要促进各门课程增强育人功能。《中国就业战略报告2008—2010》建议，高校要高度关注软能力的培养和开发。2017年《关于深化教育体制机制改革的意见》指出，高校要着力培养学生适应终身发展、时代要求的"关键能力"。2018年，习近平总书记在全国教育大会上强调"要在增强学生综合素质上下功夫"等"六个下功夫"。

浙江水利水电学院于2010年启动了"职业核心能力的培养与开发认证"项目（简称CVCC项目），将职业核心能力全程式融入第一课堂。历经10余年的研究与实践，取得了显著成效，受益师生达2万余人。成果引起了《中国教育报》《光明日报》等媒体的关注，相关报道达100余篇（次），受到了教育部原副部长、中国高等教育学会原会长周远清教授，国家教育咨询委员会委员陈宇教授，中国高等教育学会副会长陈浩教授等专家领导的高度评价。

一、职业核心能力的内涵

职业核心能力（key skills）即"软能力"，亦称"关键能力"，属非专业技术能力，是一个人可随岗位迁移能终身携带的可持续发展能力。全国职业核心能力专家委员会研究提出，职业核心能力可细分三个层次：第一层次为基础核心能力（自我管理、团队合作、职业沟通等）；第二层次为拓展核心能力（生涯规划、解决问题、创新创业等）；第三层次为延伸核心能力（情绪控制、领导力、执行力等）。

二、职业核心能力全程式融入第一课堂

1. "能力·课程·场所"一体化设计，搭建"四大能力"平台

根据职业核心能力内涵及形成机理，要真正落实培养目标，需从能力、课程、场所等方面进行统一的一体化设计。可搭建职业核心能力（软技能）平台、工程基础能力平台、专业基本能力平台、专业综合能力平台，即"四大能力"平台，写进专业人才培养方案中（表2-2）。

第二节 职业核心能力全程式融入第一课堂（案例2）

表2-2　　×××专业"四大能力"平台体系表

四大平台	学期	二级能力指标	课程设置	实训场所
职业核心能力（软技能）平台	1~7	职业规划能力	大学生职业发展与就业指导	职业发展综合实训室、图书馆
	3	文字表达能力	应用文写作	图书馆
	1~8	人际交往团队合作能力	大学生心理健康教育、人文素质与养成导论、CDIO素质拓展实训	职业发展综合实训室、CVCC测评站、CDIO素质拓展中心
	3	信息收集能力	科技文献检索	图书馆
	2	校本特色	浙江特色水教育	水文化教育基地
工程基础能力平台	1~2	计算机应用能力	大学计算机基础、VB程序设计、计算机应用技能实训	中心机房
	1~3	数学模型应用能力	高等数学、概率论与数理统计线性代数	数学建模创新实验室
	1~4	英语应用能力	大学英语	语音室、英语角
	2、第二短学期	基本物理修养及基本实验能力	大学物理、大学物理实验、金工实习	物理实验室、工程训练中心
专业基本能力平台				
专业综合能力平台				

以"四大能力"平台为核心，构建课程体系鱼骨图。以"电气工程及其自动化"专业（强电方向）培养电气工程师为例，以工程实践为导向，特别注重职业核心能力的全程渗入，构建全程能力培养课程体系，课程体系鱼骨图结构如图2-2所示。

2. 职业核心能力推进法

职业核心能力培养写入专业人才培养方案，各二级学院就会采取各种方法手段积极推进。如电气工程学院电气类专业群采用"核

第二章 课程思政先行案例

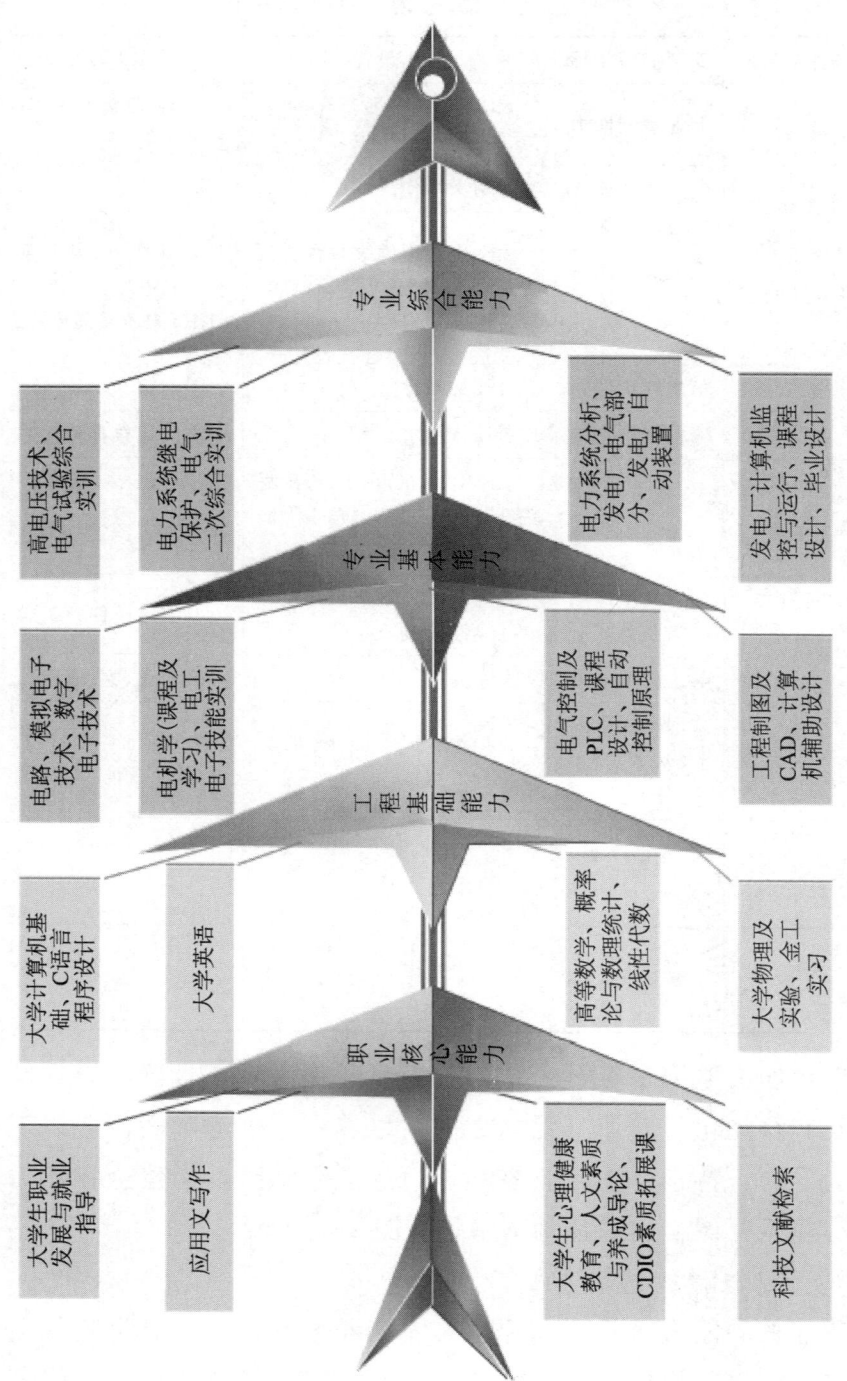

图 2-2 "电气工程及自动化"专业（强电方向）课程体系鱼骨图

心能力四年三级推进法"(图 2-3),以培养"献身、负责、求实"的水利精神。

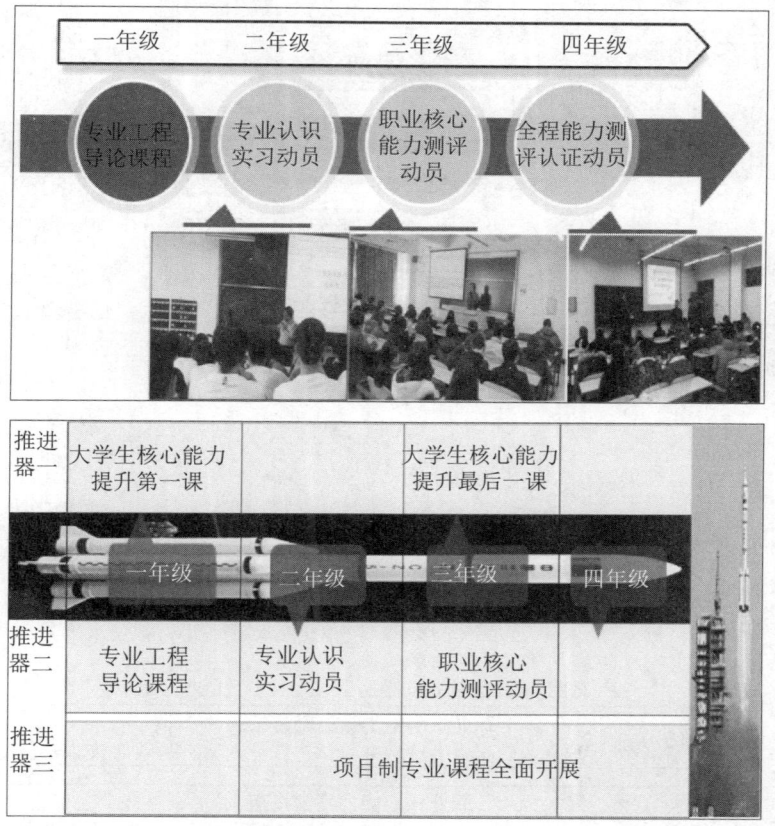

图 2-3 电气类专业群"核心能力四年三级推进法"

信息工程学院与中软国际有限公司完成教育部校企协同育人项目,构建了软件类专业群"教学、学习、实训、测评、双创"五位一体的培养体系,将职业核心能力全程渗透专业中培养,如图 2-4 所示。

3. 构建以素质为取向的职业核心能力养成教育体系

素质的养成其实质是习惯和态度的改变,需要一个长期的、系统的培养过程,需要学生、教师、管理人员都引起重视。因此必须从顶层设计的角度,建立"概念导入-融渗培养-认证评价"的职业

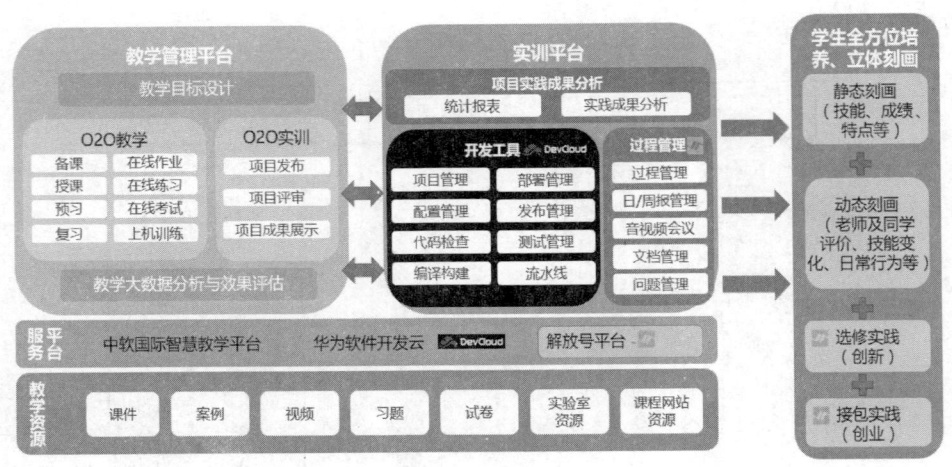

图 2-4 "教学、学习、实训、测评、双创"五位一体，
培养创新型 IT 类专业人才

核心能力长效养成机制（图 2-5）。将素质教育与专业教育有机统一，硬技能与软技能融合培养，才能真正落实职业核心能力的培养。

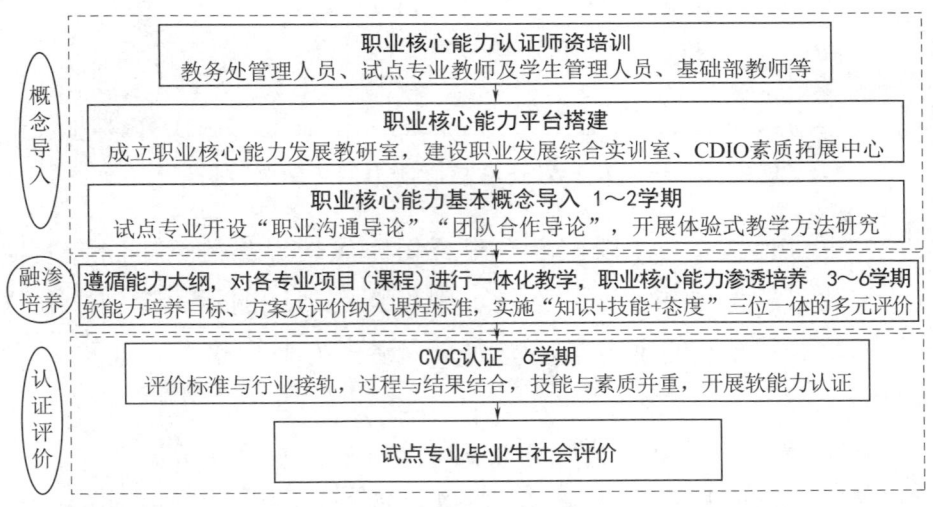

图 2-5 职业核心能力全程融渗培养实施路径

（1）融入专业教育，实现软技能全程培养。显性隐性结合，将

第二节 职业核心能力全程式融入第一课堂（案例2）

软技能培养目标纳入人才培养实施方案。显性培养，即将"大学生核心素养导论""特色水教育"和"大学生写作与沟通"等职业核心能力系列课程导论作为单独课程开设。重点是通过课程教学方法的深入研究和持续改进，切实增强课程教学效果，为后续职业核心能力的养成提供思想保障和方法保障。隐性培养，是将职业核心能力分解，并对号入座各有侧重地纳入课程培养目标，并在课程标准中明确显示职业核心能力培养任务和素质教育目标，将素质教育全程渗透到专业教育中。

（2）推行课堂教学改革，实现软技能渗透培养。大力推行"项目制"教学、翻转课堂、智慧课堂、"知识、技能、态度"三位一体考核等以学生为主体的行动导向教学法，倡导合作性学习，让学生在完成学习行动和项目任务的过程中，在教师的引导、学生之间的影响和自身的领悟中，实现团队协作、沟通交流、信息处理、自我学习、解决问题、创新以及数字应用等职业核心能力的渗透培养，形成职业素质体验和提高。

（3）强化实训实习，实现软技能实践培养。坚持实践育人的指导思想，搭建"四大能力"平台，校内校外结合，学校企业结合，尽可能让学生更多地置身真实职场环境，在实践中培养和检验做人做事的能力。用企业精神激励人，培养学生遵守纪律、吃苦耐劳、爱岗敬业、一丝不苟的工作态度；用企业环境哺育人，培育质量意识、安全意识、创新意识；用企业文化熏陶人，塑造学生品德、品质和品格；用企业经历锻炼人，提升学生团队意识、合作意识和竞争意识。

（4）丰富第二课堂，实现软技能立体培养。一方面，学校要积极开展社团活动、主题教育活动、社会实践等第二课堂活动，通过扩展活动资源、加强活动指导、设置素质拓展学分等方式，构建一个有利于学生素质养成的立体教育环境。另一方面，鼓励将第一课堂项目向第二课堂延展，丰富第二课堂内涵，形成教育自觉。如，将"实验、实训、实习"与"社会实践、志愿服务"等活动结合，将"创新设计、研讨课程"等与"学科竞赛、学术科技节"等活动结合，将"人文艺术"类课程与"文艺演出、文学创作"等活动结合。

（5）提升教育教学能力，实现软技能全员培养。要实现素质教育的全程、渗透、实践、立体培养，必须改革传统的教学模式，提升教师基于体验式教学、研究式教学、"项目制"教学的驾驭能力。只有教师在教育理念上重视了，在教学手段上落实了，在教学能力上保障了，才能保证课堂上的教书育人效果，从而实现素质教育全程培养不断线。

（6）实施多元评价，软技能培养目标纳入课程考核。评价始终是行为的指挥棒。为此，要切实改革课程的评价方式，实施发展性、过程性、形成性为基础的多元评价方式，把"重知识、重技能、轻素质"的评价内容逐渐引导到"知识、技能、态度"并重的道路上来，把"教师一言"的评价局面逐渐引导到"教师、学生、企业"共同参与的道路上来，从而有利于调动学生的主动性和积极性，实现知识、能力、素质一体化培养的目标。

4. 构建全程式能力测评认证体系

根据"四大能力"平台体系表中各专业的二级能力指标，进行分层、分类和提炼分析，通过课程重组、课堂重建等方式，设计典型的能力训练（测评）项目，同时拟定测评标准，以用于教学实施要求和学生能力评价。为保证全程能力培养不断线，一般宜安排每个学期选择1~2个能力项目进行测评认证。

按照"全程能力训练与测评认证"的思路，学生毕业时只要符合条件，可以获取3本证书，毕业证书＋学位证书＋能力证书，分别作为对其学习经历、学术水平及能力水平的认可。能力证书由学校颁发，记录学生在校期间完成的各项能力测评（认证）等级，可以在一定程度上帮助学生对自己各方面的能力进行客观评价，也可以供用人单位在选择合适人才时进行参考。"电气工程及自动化"专业全程能力训练与测评认证体系见表2-3。

表2-3 "电气工程及自动化"专业全程能力训练与测评认证体系表

学期	能力指标		训练（测评）项目	拟达到的测评标准
1~8	软技能	职业核心能力	CVCC项目（团队合作、职业沟通、创新创业、自我管理模块）	团队合作、职业沟通校合格标准
1~4	硬技能	工程基础能力	计算机应用、英语应用项目	省计算机考试等级二级标准、CET-4标准
2~5		专业基本能力	电工仪表使用、电子工程基础及电机应用、初级电工电子电路设计、电气制图项目	维修电工国家职业技能中级工认证标准、全国CAD技能等级考试一级证书或BIM工程师资质认证标准
6~8		专业综合能力	电气运行值班、进网作业高压试验、进网作业继电保护、发电厂变电所电气一次、二次设计项目	进网作业高压电工认证标准、进网作业特种电工高压试验工认证标准、进网作业特种电工继电保护工认证标准、电气一次、二次设计校内自定标准

第三章　课程思政实施案例

第一节　通识类课程案例

通识教育重在"通识"。何谓"通识"？该问题迄今尚未形成一个规范、公认的表述，但其功能内涵普遍认为是"除了培养大学生的不同专业才能外，还需要培育某些共同的基本素养"，这些基本素养需有益于大学生全面发展的促进、文化自觉的培养、价值观的塑造。而培养德智体美劳全面发展的社会主义建设者和接班人为目标的基本素养，也符合课程思政的内涵要求。《高等学校课程思政建设指导纲要》针对公共基础课程特别提出：注重在潜移默化中坚定学生理想信念、厚植爱国主义情怀、加强品德修养、增长知识见识、培养奋斗精神，提升学生综合素质。因此，通识课程改革理应成为推进课程思政的重要载体。

一、格物穷理 止于至善——"大学物理"课程思政实践（通识类案例1）

（一）课程基本情况

课程名称：大学物理。

课程类型：公共基础课。

教师团队：基础教学部陈健、蔡亦良、宋俊杰、张羽溪、刘晓萍。

授课学分/学时：96学时；6学分。

主要教材:《物理学(第七版)》,马文蔚、解希顺、周雨青,高等教育出版社。

依托在线平台与课程网站:浙江水利水电学院网络教学平台(超星),http://zjweu.fanya.chaoxing.com/portal。

(二)课程改革基础与背景思路

1. 基础与成果

(1) 2019年立项浙江省高等教育"十三五"第二批教学改革研究项目。

(2) 2020年获批浙江省首批一流课程建设。

(3) 2021年获批校级课程思政示范课程建设。

(4) 2021年立项校级课程思政教学研究项目。

(5) 大学物理教研室获批校级课程思政示范基层教学组织。

2. 背景与思路

大学物理是我校工科专业本科学生一门通识基础必修课,承载着传授物理知识、衔接专业课程、培养学生科学素养的重任。本课程为工科学生学习后续专业课程和解决实际问题提供必要的物理基础知识及常用的物理方法;对学生科学思维方式和解决工程实际问题的能力进行训练,为学生日后在各领域发展奠定深厚的基础。

本课程入选浙江省首批一流课程建设,并入选学校"知识、技能、态度"三位一体考核课程、课程思政示范课程。本课程团队成员全部为毕业于985高校的博士,具有扎实的物理基础和专业知识。大学物理教研室开展工科类本科生大学物理教学近10年,一直坚持课程改革与教学研究,并积极进行课程思政教学建设,获批校课程思政基层教学组织。

基于学校应用型本科人才培养目标和"水文化+"育人元素("六项必备品格""八种核心能力"),本课程团队深入挖掘课程育人元素,践行学校"课程思政十法",积极构建课程思政分类建设体系,构建全员全程全方位育人格局。

（三）课程思政设计

以 2020/2021 学年本课程授课对象之一自动化 2020 级为例。

对接自动化专业培养目标：本校自动化专业以电气自动化为特色，具有"软硬件结合、强弱电兼顾"的特点，是面向国民经济和社会发展的宽口径工科专业，培养拥有国际视野、家国情怀、水利精神、实践能力，掌握数学与自然科学通识基础、具有扎实的自动化基础知识和基本技能，能够解决企事业单位自动化系统研究、设计开发、运行管理及维护等工作的高素质应用型人才（引自《浙江水院 2019 版自动化专业人才培养方案》）。

对接自动化专业毕业要求达成目标，见表 3－1。

表 3－1 "大学物理"课程与自动化专业毕业要求达成映射矩阵表

课程名称	1. 工程知识			2. 问题分析		3. 设计/开发解决方案		4. 研究		5. 使用现代工具		6. 工程与社会	
	1.1	1.2	1.3	2.1	2.2	3.1	3.2	4.1	4.2	5.1	5.2	6.1	6.2
大学物理	H			M	M								

课程名称	7. 环境和可持续发展		8. 职业规范			9. 个人和团队		10. 沟通		11. 项目管理		12. 终身学习	
	7.1	7.2	8.1	8.2	8.3	9.1	9.2	10.1	10.2	11.1	11.2	12.1	12.2
大学物理													

注 1. 节选自《浙江水院 2019 版自动化专业人才培养方案》。
2. H、M、L 分别为高、中、低支撑强度。

课程培养目标方面，大学物理课程为自动化专业学生学习后续专业课程提供必要的物理基础；对学生科学思维方式和解决工程实际问题的能力进行训练；为学生成为自动化领域高级工程技术人才培养基本素养，即具有国际视野、家国情怀、水利精神，具有良好的沟通和团队协作能力。

结合课程内容，本课程负责人在本课程授课过程中梳理 15 个育人案例，案例类型归类为学科发展、科技进步、励志故事、创新实

第一节 通识类课程案例

验四种,具体见表 3-2。其中学科发展案例 3 个,科技进步案例 3 个,励志故事案例 6 个,创新实验案例 3 个。育人目标主要聚焦在家国情怀、科学态度、职业态度、行为品格、团队合作、口头表达和书面表达,由此凝练"水文化+"育人元素为:情怀、态度、相助、团队合作、口头表达、书面表达。

表 3-2 大学物理课程思政案例库汇总表

章节	教学内容	思政案例	案例类型	育人目标
绪论	绪论	专题嵌入科学史:讲述科学家执着追求科学真理、勇于创新的事迹	学科发展	科学态度
1.2	圆周运动	课程引入:讲述周洋 1 对 7 打破韩国选手中长距离项目上的长期垄断夺得冠军的经历	励志故事	职业态度
3.1	动量定理	案例解析:讲述吴菊萍徒手接住从 10 楼坠落的 2 岁女童,手臂因受到巨大冲击造成粉碎性骨折的故事。弘扬见义勇为,大爱至善的优秀品质	励志故事	行为品格
3.1	动量定理	案例解析:讲述公交司机毕怀彬在生命垂危之际,仍紧握方向盘避免了公交车坠河,挽救了全车乘客生命的故事。弘扬坚守岗位、爱岗敬业精神	励志故事	职业态度
3.2	动量守恒定律	实验设计:设计动量守恒定律验证实验。培养创新能力、实践动手能力、团队合作能力和责任担当。课上进行展示	创新实验	团队合作、口头表达
3.8	能量守恒定律	案例解析:播放三峡大坝工程展示视频,世界上最大的水力发电工程,弘扬民族自信	科技进步	家国情怀
3.8	能量守恒定律	案例引申:契合学校办学特色,结合水工、农水等授课专业特色,讨论上善若水、海纳百川、水滴石穿等水的品质,渗透水文化、弘扬新时代水利精神	学科发展	职业素养
3.7	弹性碰撞	科学家故事:讲述邓稼先、郭永怀两弹元勋为中国核武器事业的发展做出的杰出贡献,弘扬潜心科研、报效祖国的献身精神	励志故事	科学态度
7.3	磁场	科学史:讲述直流交流之战中爱迪生、威斯丁豪斯、特斯拉三个人物之间的技术较量,商业利益较量,更是对道德和人性的考验	科技进步	科学态度、职业素养

续表

章节	教学内容	思政案例	案例类型	育人目标
11.4	迈克尔逊干涉仪	科学史：讲述迈克尔逊坚持不懈地发展精密光学仪器，证明"不存在相对太阳静止的以太参照系"，获得1907年诺贝尔物理学奖的艰难历程，发扬艰苦奋斗、坚忍不拔的科学家精神	励志故事	科学态度
11.9	光的偏振性	课程导入：播放电影《哪吒之魔童降世》，引出3D效果原理，因其高居国外票房榜首，激发学生的主人翁意识和民族自信	科技进步	家国情怀
		寓言故事延伸：讲述"执竿入城"寓言故事，帮助学生理解机械波的偏振性，引申处事之道：灵活通达，懂得变通	励志故事	行为品格
		实验设计：基于自然光、线偏振光、部分偏振光的偏振态特征，利用偏振片教具，检验未知入射光的偏振态。课上进行小组讨论	创新实验	科学态度、口头表达
15.1	波粒二象性	科学史：托马斯·杨的双缝干涉实验，证明光具有波动性，由此开创性提出光的波粒二象性	学科发展	科学态度
教学开放月	创新实验设计	创新实验竞赛：校级大物创新实验竞赛，教师命题，进行创新实验设计，制作科技作品，撰写科技论文	创新实验	团队合作、书面表达

教学方法方面，本课程团队采用"理实融合"教学模式，以物理学史、理实融合、创新实验设计为思政元素融入点，使用视频、动画、演示实验教具、小组讨论等多种互动式教学方法，在课程导入、案例解析、科技进步延伸、绪论课专题、实验设计等教学环节，巧妙自然讲述思政育人案例，不占用额外课时，润物无声育人；思政案例的引出，活跃课堂气氛，激发学生听课积极性，潜移默化理解。将育人元素润物细无声"进专业、融课程"，春风化雨、内化于心。

课程考核方面，本课程采用"知识、技能、态度"三位一体考核方式，细化过程性考核指标，包括考勤、作业、随堂测验、拓展作业、前排就座，每名学生近60项过程性记录，全方位考量学生的自觉自律、遵纪守时等素养，强化自主学习、创新实践、团队合作、书面表达、口头表达等各方面能力。

(四) 课程思政具体实施

1. 一门课的实施

（1）修订"红色教案"（红色资源法）。根据课程思政元素案例库，将每一个案例编写在教案中，形成一本大学物理"红色教案"，见表 3-3。

表 3-3　　"大学物理"教案中课程思政融入汇总表

（2020/2021 学年实施）

序号	教学章节与课程思政融入点	"水文化+"育人元素	教学方法
1	绪论课 介绍物理学研究对象、研究方法、研究手段，介绍大学物理课程三个教学目标，即传授物理学基础知识、培养科学思维和解决实际问题的技能。 介绍物理学发展史：①萌芽时期，从远古到17世纪；②经典物理学时期，17世纪末到19世纪末；③现代物理学时期，20世纪至今。讲述各个发展时期物理学家代表人物的事迹，如哥白尼、伽利略、爱因斯坦和普朗克等执着追求科学真理、勇于创新、推动学科发展的感人故事	态度情怀	讲授法： 讲述物理学发展史，并以物理学史为动情点，弘扬持之以恒、追求真理、挑战权威、勇于创新的科学精神
2	§1-2 圆周运动 法向力 F_n、切向力 F_t 的理解是曲线运动的重点和难点。在自然坐标系将合外力分解成向心力、切向力，进而得出法向加速度 a_n、切向加速度 a_t 的来源，具有重要的物理意义。 视频播放冬奥会周洋短道速滑夺冠的精彩瞬间，教师提问：法向力 F_n、切向力 F_t 分别来自哪里？哪个力驱动运动员转弯？哪个力驱动运动员加速？问题驱动，引发思考。 学生：对运动员进行受力分析，思考分力的来源，尤其是法向力 F_n 的来源。 教师解答：合力指向弯道内侧充当法向力。通过视频中周洋反超对手的艰难过程，讲述周洋家贫志坚、励志夺冠的艰难经历，激发学生的爱国之情，树立速滑自信、民族自信	信仰情怀	案例分析法： 设计案例：解析短道速滑运动员周洋转弯时向心力的来源。 教师解答：运动员转弯时身体倾斜，冰刀斜插进冰面，受到冰面斜向弯道内侧的支持力，支持力与重力在竖直方向平衡，水平指向弯道内侧的分力充当向心力，驱动运动员转弯。 真题真做，分析曲线运动向心力来源，以实例解析为思政融入点，润物无声式、激发学生艰苦奋斗和民族自信

第三章 课程思政实施案例

续表

序号	教学章节与课程思政融入点	"水文化+"育人元素	教学方法
3	§3-1 动量定理 应用动量定理求解等效平均冲力 F'：质点在 Δt 时间内受到持续作用的平均冲力 F' 的冲量，等于质点的动量变化量，即 $F'\Delta t = mv_2 - mv_1$。 课上案例分析题，真题真做，真实案例解析：讲述杭州最美妈妈吴菊萍徒手托举幼童的感人事迹，请学生应用动量定理求解吴菊萍托举瞬间受到的平均冲力 F'。 课后学习通平台发布拓展题：如果你遇到高空坠落幼童，会采取怎样的行动？为什么？ 2011年7月2日，吴菊萍奋不顾身，伸出双手接住从10楼坠落的2岁女童，手臂因受到巨大冲击而造成粉碎性骨折，幼童虽只受了轻伤，却得以保全性命。应用动量定理分析：在托举瞬间，吴菊萍手臂受到的平均冲力 F'。并请学生换位思考，自己遇到类似危急情形时如何做，为什么？激发学生对见义勇为模范的由衷敬佩，并对社会价值、人生价值进行深入思考。	态度 相助 书面表达 自主学习	案例分析法： 以"理实融合"式实例分析为切入点，通过真题真做，应用动量定理分析平均冲力，让学生真切感受吴菊萍手臂受到冲击力的大小，弘扬见义勇为、大爱至善的优秀品质，如春在花、润物无声。 通过课后问题拓展，激发学生对社会价值、人生价值的深入思考
4	§3-1 动量定理 应用动量定理求解等效平均冲力 F'：质点在 Δt 时间内受到持续作用的平均冲力 F' 的冲量，等于质点的动量变化量，即 $F'\Delta t = mv_2 - mv_1$。 课上案例分析题，真题真做，真实案例解析：讲述舟山公交车司机毕怀彬临危刹车、挽救全车乘客性命的感人事迹，请学生应用动量定理求解毕怀彬受到飞来轮胎的平均冲力 F'。 课后学习通平台发布拓展题：如果你遇到类似危机情况，是自顾自逃离，还是坚守岗位？为什么？ 2016年5月27日，舟山公交车司机毕怀彬在行车途中，被飞来车轮砸中，在生命垂危之际，仍紧握方向盘，避免公交车坠河。仅仅一秒钟内，他将公交车从时速34.28km降至19.93km，挽救了全车乘客生命。应用动量定理，分析毕怀彬受到的平均冲力 F'。并请学生换位思考，自己遇到类似危急情形时如何做，为什么？ 激发学生对爱岗敬业、坚守岗位模范的由衷敬佩，并对社会价值、人生价值进行深入思考	态度 相助 书面表达 自主学习	案例分析法： 以"理实融合"式案例分析为切入点，通过真题真做，应用动量定理分析平均冲力，让学生真切感受毕怀彬受到飞来轮胎的平均冲力的大小，弘扬坚守岗位、爱岗敬业精神，如春在花、润物无声。 通过课后问题拓展，激发学生对社会价值、人生价值的深入思考

第一节 通识类课程案例

续表

序号	教学章节与课程思政融入点	"水文化+"育人元素	教学方法
5	§3-2 动量守恒定律 动量守恒定律条件：合外力为零。 创新实验设计，利用简单器材，设计动量守恒定律验证实验。5~8人一组，进行实验设计，制作PPT并上传至学习通平台，展示内容包括组员、实验器材、实验设计流程图、实验原理、实验内容和注意事项等。 现场汇报、答辩，教师评分：综合实验设计情况、答辩情况以及团队合作情况进行评分，反映学生的综合应用能力。 以创新实验设计为融合点，培养创新能力、实践动手能力、团队合作能力和责任担当。 实验设计要求符合动量守恒条件等基本原理，其中原创设计给予加分，反映学生对物理学知识掌握情况，培养学生创新思维能力和实践能力；答辩环节能够反映学生辩证思维与应变能力	态度 团队合作 口头表达 自主学习	任务驱动法： 以实验设计为驱动，进行创新实验设计，促进学生对知识的系统深化和实践技能的提升，培养创新能力和团队合作能力
6	§3-7 完全弹性碰撞 完全非弹性碰撞 完全弹性碰撞：如果在碰撞时，内力作用远大于外力作用，两物体在碰撞前后的动能之和完全没有损失。 完全非弹性碰撞：如果在碰撞时，由于非保守力作用，致使机械能与其他形式能量存在相互转换。 教师讲述邓稼先、郭永怀等两弹元勋为我国核武器事业的发展做出的杰出贡献。引出核武器中链式核裂变过程中子与铀原子核发生完全非弹性碰撞，请学生分析动量、机械能是否满足守恒条件	情怀 态度	案例分析法、讲授法： 以两弹元勋的奋斗史为动情点，学习和弘扬老一辈科学家潜心科研、艰苦奋斗、勇于登攀的宝贵精神，胸怀祖国、服务人民的献身精神，培养学生树立正确的人生观、价值观

续表

序号	教学章节与课程思政融入点	"水文化+"育人元素	教学方法
7	§3-8 能量守恒定律 能量守恒定律内容：对于一个与自然界无任何联系的系统来说，系统内各种形式的能量是可以相互转化的，但是不论如何转化，能量既不会产生，也不会消灭。 案例分析：三峡大坝工程是世界上最大的水力发电工程，播放三峡大坝工程概述视频，请学生利用功能原理讨论水力发电中的能量转换过程。 分析思路： 分析水从高处流到低处，水的重力势能转换为水的动能，推动发电机运转，产生电能。 由三峡水电站能量转化分析，弘扬民族自信；从能源利用率、清洁能源多种角度分析各种形式发电的优劣，培养辩证分析问题的能力	情怀 自主学习	案例分析法： 水力发电站可以利用能量守恒定律解释能量转化过程，类似还有风力、火力发电，太阳能、核能发电等，都可以利用能量守恒定律解释能量转化过程。 引申问题1：哪种形式发电的能量转换效率高，哪种形式发电便与人们使用？分析其优劣。 引申问题2：由水能载舟亦能覆舟的辩证观，引发对人与自然和谐发展理念的深入思考
8	§3-8 能量守恒定律 能量守恒定律内容：对于一个与自然界无任何联系的系统来说，系统内各种形式的能量是可以相互转化的，但是不论如何转化，能量既不会产生，也不会消灭。 以水的品质为切入点，结合学校办学特色，即水利特色，讨论水的品质对学生学习生活工作各方面的指导意义；培养思辨能力，弘扬新时代水利精神——"忠诚、干净、担当、科学、求实、创新"	态度 口头表达	讨论法： 契合我校办学特色、水工、农水等授课专业特色，讨论上善若水、海纳百川、水滴石穿等水的品质，辩证看待水的以柔克刚、水滴石穿、奔腾不息等优点，以及汇成洪流可穿峡谷、可成水患等危害

第一节 通识类课程案例

续表

序号	教学章节与课程思政融入点	"水文化+"育人元素	教学方法
9	§7-3 磁场 磁场描述：磁场方向垂直于磁场作用力和电荷的运动方向，磁感强度的单位是特斯拉。 教师讲述交流电与直流电之战故事： 爱迪生是一位天才发明家，但为了盈利，爱迪生极力寻找交流电的弱点，并挖空心思采取一些手段误导大众、贬损交流电。制造舆论渲染交流电与触电事故、电刑相联系，使用交流电电死一头大象，展示交流电的致命性危险等。但交流电可以远距离传输、方便通过变压器进行升压降压，获得了电力市场的主导优势。电网从几千瓦发展到几亿千瓦，电压等级从几十伏发展到上百万伏，电力技术获得了大发展。 而特斯拉却撕掉交流电专利，永久放弃交流电专利权，送给人类免费使用。 直流电与交流电之战，是爱迪生、威斯丁豪斯、特斯拉三个人物之间的技术较量，商业利益博弈，更是对道德和人性的考验。通过讲述电力发展史，渗透利益冲突与道德人性的抉择，激发学生对世界观、价值观的深入思考	态度	讲授法： 以科学发展史为动情点，讲述电力之战故事，对比爱迪生与特斯拉对待技术发展和利益的不同抉择，激发学生对世界观、价值观的深入思考
10	§11-4 迈克尔逊干涉仪 教师讲述迈克尔逊的奋斗历程，40年坚持不懈科学实验，因创造精密光学仪器，证明"不存在相对太阳静止的以太参照系"，揭示了光速不变，从而动摇了经典物理学基础，成为近代物理学的重要开端，获得1907年诺贝尔物理学奖；爱因斯坦给予其高度评价：为狭义相对论的提出提供了强有力的实验证明。 仪器工作原理：利用分振幅法产生双光束以实现干涉，通过调整干涉仪，既可以产生等厚干涉条纹，也可以产生等倾干涉条纹。主要用于长度和折射率的测量，如在光谱线精细结构的研究和用光波标定米尺等实验中具有重要应用。 课堂上利用迈克尔逊干涉仪进行演示实验，观察干涉条纹移动过程，讲解干涉仪测量精密尺寸的原理，培养学术创新思维	态度 自主学习	讲授法、直观演示法： 以物理学史为动情点，讲述迈克尔逊为发展干涉实验仪器精度而坚持不懈40年、证实"以太"不存在的奋斗历程。培养学生坚忍不拔、持之以恒的科学态度。 直观演示教学，培养学生实践能力、创新思维和辩证思维

续表

序号	教学章节与课程思政融入点	"水文化+"育人元素	教学方法
11	§11-9　光的偏振性　马吕斯定律 线偏振光：如果只有单一方向的光振动，则此光束称为线偏振光（或完全偏振光或平面偏振光）。自然光通过起偏器能够变成线偏振光。 课程导入时播放电影《哪吒之魔童降世》，教师提问：电影的 3D 效果产生原理是什么？眼镜什么作用？ 请学生小组讨论、回答。 教师解释：偏光式 3D 技术拍摄＋3D 偏光眼镜。 留有悬念，激发学生学习兴趣。 讲授新课：以偏振片演示光的偏振特性；通过检偏器可以检验一束光的是否为线偏振光。 教师解答：将偏振片制成偏光眼镜，对 3D 电影播放器出射的线偏振光进行筛选，两眼分别接收不同偏振方向的线偏振光，两眼存在瞳距，故合成立体 3D 效果	信仰	讨论法、直观演示法： 请学生现场调研，并展示电影《哪吒之魔童降世》高居国外票房榜首的相关报道，激发学生的主人翁意识和民族自信
12	§11-9　光的偏振性　马吕斯定律 线偏振光：如果只有单一方向的光振动，则此光束称为线偏振光（或完全偏振光或平面偏振光）。 自然光通过起偏器能够变成线偏振光；通过检偏器可以检验一束光的是否为线偏振光。 光的偏振性说明光具有横波特性，为光的波动说提供了有力证明。 机械波的偏振性，即横波无法通过横向狭缝，纵波通行自如。 教师提问：光波具有什么偏振特性？ 教师讲述"执竿入城"寓言故事，竹竿无法横向通过狭窄的城门，却偏信老人，将竹竿折断而入。而实际上，将竹竿顺着道路方向拿，就可以执竿入城。 请学生讨论，从故事中折射出的为人处事哲理	态度	讲授法、类比学习法： 讲述"执竿入城"寓言故事，启迪变通处事之道；类比学习机械横波的偏振特性与光的偏振特性，激发学生对为人处世辩证思维方式的思考：为人处事思维要灵活，懂得变通

第一节　通识类课程案例

续表

序号	教学章节与课程思政融入点	"水文化+"育人元素	教学方法
13	§11-9　光的偏振性　马吕斯定律 ①自然光：在一切可能的方向上都具有光振动，而各个方向的光矢量振动又相等；②线偏振光：如果只有单一方向的光振动，则此光束称为线偏振光（或完全偏振光或平面偏振光）；③部分偏振光：某一方向的光振动比与之互相垂直的方向的光振动占优势，这种光称为部分偏振光。 创新实验设计，基于自然光、线偏振光、部分偏振光的偏振态特征，如何检验未知入射光的偏振态？ 5人一组，学生自发组队，将偏振片分发给各个小组，请学生对照不同光源进行观察，思考实验设计，课上小组讨论。 基本原理：①偏振片旋转一周，线偏振光的透射光两次最明和两次消光；②偏振片转动一周，自然光的透射光光强不变；③偏振片转动一周，部分偏振光的透射光有两次最明和两次最暗（但不消光）	态度 沟通交往 团队合作	任务驱动法： 以创新实验设计为融合点，培养创新思维、实践动手能力，提高团队合作与沟通交往能力和责任担当意识
14	§15-1　光的波粒二象性 光既能像波一样向前传播，有时又表现出粒子的特征。通过讲述光的波动说与粒子说之争的发展史，使学生熟知牛顿、惠更斯、托马斯·杨、菲涅尔、普朗克、爱因斯坦、康普顿等多位著名的科学家在这一历史论战中的理论或实验贡献，了解科学发展、科技进步的必然性。正是这些科学家的努力共同揭开了遮盖在"光的本质"外面那层扑朔迷离的面纱。 讲述物理学发展史：光具有波粒二象性，即光粒子的运动轨迹呈周期性的波。光的波动说与微粒说之争从17世纪初笛卡尔提出的两点假说开始，由光的颜色理论引燃，到康普顿X射线实验、赫兹光电效应实验对牛顿粒子说理论的印证，到惠更斯的子波波源原理、菲涅尔的波带理论、夫琅禾费单缝衍射、托马斯·杨的双缝干涉等结果共同建立了比较完整的横向传播的波动理论，再到20世纪初以光的波粒二象性告终，前后共经历了300多年	态度 诚信	讲授法： 以物理学史为动情点，通过讲述物理学家为推动物理学发展而进行激烈的争论和持之以恒的研究，培养学生遵从实验结论、实事求是、科学诚信的科学素养

续表

序号	教学章节与课程思政融入点	"水文化+"育人元素	教学方法
15	校教学开放月（4—5月）：物理教研室举办校物理实验与科技创新竞赛，结合省大学生物理科技创新竞赛主题进行创新实验设计，提出一种构造基础模型装置和样机的设计方案，突出物理思想，分析应用前景，并现场答辩。评委根据实验项目设计和答辩情况进行打分，选拔优秀原创设计，推荐参加省大学生物理创新竞赛。 创新实验设计，围绕省大学生物理科技创新竞赛主题"物理学与数字经济"，结合机械、光学、电子学等物理学知识和原理，提出一种构造基础模型装置和样机的设计方案。 5人一组，开展探索性、应用性研究，契合"数字经济"主题，突出物理思想，分析应用前景，进行创新实验设计，现场汇报、答辩，回答评委提问。 评委根据实验项目设计和现场答辩进行打分，选拔优秀原创设计，推荐参加省大学生物理创新竞赛	态度 诚信 沟通交往 团队合作	任务驱动法： 以创新实验设计为融合点，培养科学问题调研、实践动手能力、团队合作与沟通交往能力等科学素养，提升创新思维、科学诚信、持之以恒和责任担当意识。 现场汇报、答辩，教师评分：综合实验设计情况、答辩情况以及团队合作情况进行评分，反映学生的综合应用能力，与学校应用型办学定位和应用型本科人才培养目标相契合

（2）"理实融合、思政金课"实施（隐性融入法）。基于我校应用型本科人才培养目标，秉承我校"理实结合、实践育人"的人才培养理念，在本课程中施行"理实融合"模式教学，有助于提升物理课堂的高阶性与创新性，充分调动学生的学习积极性和课程参与度，让学生不再谈物理色变，致力于建设有"温度"的物理金课，如图3-1所示。

图3-1 教师、学生使用实验教具演示场景

（§11-9 光的偏振性 马吕斯定律）

对接"知识、技能、态度"三位一体的课程目标，本课程

第一节 通识类课程案例

通过以下三个融入点,将物理学知识技能与育人内容进行有机融合:以"理实融合"为切入点,聚焦实践能力锻炼;以"物理学史"为动情点,聚焦核心素养培养;以"实验设计"为融合点,聚焦创新能力提升。通过解读物理学发展史、前人奋斗历程、设计科学实验,潜移默化地将持之以恒、见义勇为、爱岗敬业等职业态度感染学生,将实事求是、追求真理等科学精神激发学生,鼓舞学生科技创新的热情和爱国主义情怀。

(3)"'互联网+'教学、线上育人"实施(信息技术法)。本课程施行"互联网+"教学,以线下授课为主,借助于学习通、云班课、微信等平台发布物理学史、先进人物事迹、科学前沿文献、重大科技成果报道等资源(图3-2),辅助课堂教学、布置课后作业、辅导答疑解惑。学生在线上阅读学习资源、回答开放性问题、小组讨论、成果汇报等,其时间自由、形式开放,师生沟通便捷、平等交互,便于学生抒发真情实感,极易引起情感共鸣,德育教育内化于心(图3-3)。

图3-2 2020/2021学年"大学物理"学习通平台
拓展作业题库截图

用爱托举生命的奇迹：杭州最美妈妈吴菊萍 ↰返回

姓名：[illegible] 学号/账号：[illegible] 班级：自动化20-1,2 □隐藏题干

一.简答题（共1题,100.0分）

1 2011.7.2，吴菊萍奋不顾身，伸出双手接住了从10楼坠落的2岁女童，成功挽救了幼童性命。而吴菊萍本人左手臂因受到巨大冲击、造成粉碎性骨折。不禁让我们钦佩吴菊萍见义勇为，大爱至善的优秀品质。

请你建立物理模型，应用动量定理分析：在托举幼童瞬间，吴菊萍的手臂受到的平均冲力F'。

试想：如果换做你本人遇到高空坠落幼童，你会采取怎样的行动？为什么？（请写出200字左右的感想）

正确答案：
$F' \approx 3350\text{N}$

学生答案：
吴菊萍奋不顾身、勇救坠楼女童的事迹感动了全社会。吴菊萍义举，折射着人性的光辉，引导着社会向善。在这个自私与不信任充斥的社会，有什么比这更能抚慰人们的心灵呢？一度让人不相信"还有好人"，也不敢轻易行善的社会，正在变得温暖明亮，爱意涌动。救人一命等于救全世界，是电影《辛德勒的名单》的经典名言，我想我们和辛德勒一样，不是救世主，只是普通人，但我们有理由背上"救世"责任。我们可以活的很平凡，但也可以活的很伟大。

图 3-3 取自 2020/2021 学年"大学物理"学习通平台拓展作业举例

（4）"细化过程、态度评价"实施（隐性融入法）。实行"知识、技能、态度"三位一体考核，细化平时成绩。相比于平行班，本课程平时成绩强调过程性态度考核，除了考勤、作业、随堂测验，增加了拓展技能和前排就座两个方面；每位学生近 60 次评分记录（图 3-4）。并及时进行教学反思，逐年动态优化过程性考核指标，科学评价学习效果与学习态度。

浙江水利水电学院自动化 20-1 平时成绩汇总表

序号	学号	姓名	知识（40%）							技能（40%）					态度（20%）						知识+技能+考勤	知识+技能+态度	平时成绩
			课后作业（15次）	随堂测验					知识分	拓展作业				技能分	考勤（32次）	前排就座							
				1	2	3	4	平均分		1	2	3	4			1	2	3	4	累计次数			
1	[illegible]	[illegible]	100	90	92	70	90	85.50	97.10	79.23			100	89.62	100						94.69	94.69	94.69
2	[illegible]	[illegible]	100	80	75	100	95	87.50	97.50	73.41	95	96	100	91.10	100		√			1	95.44	97.44	97.44
3	[illegible]	[illegible]	100	68	100	66.7	75	77.43	95.49	74.20			100	87.10	100			√		1	93.03	95.03	95.03
4	[illegible]	[illegible]	100	61	57	71.7	90	69.93	93.99	72.63	90		100	87.54	100						92.61	92.61	92.61
5	[illegible]	[illegible]	80.04	88	85	75	90	84.50	80.93	79.23				79.23	90.625	√				1	82.19	84.19	84.19
6	[illegible]	[illegible]	100	53	63	50	100	66.50	93.30	79.23			100	89.62	100						93.17	93.17	93.17
7	[illegible]	[illegible]	100	71	98	80	70	79.75	95.95	77.56			95	86.28	100	√		√	√	3	92.89	98.89	98.89
8	[illegible]	[illegible]	100	43	50	61.7	75	57.43	91.49	73.44			100	86.72	100						91.28	91.28	91.28
9	[illegible]	[illegible]	100	78	61	83.3	85	76.83	95.37	74.98	100	94	100	92.25	100		√	√	√	3	95.04	101.04	100.00
10	[illegible]	[illegible]	100	82	77	51.7	85	73.93	94.79	83.4	90	98		90.47	100	√				1	94.10	96.10	96.10
11	[illegible]	[illegible]	100	74	81	100	85	85.00	97.00	74.20	100	100	100	93.55	100		√	√	√	3	96.22	102.22	100.00
12	[illegible]	[illegible]	100	71	100	60	85	79.00	95.80	79.23			100	89.62	100			√		1	94.17	96.17	96.17
13	[illegible]	[illegible]	100	71	52	100	70	73.25	94.65	70.29			100	85.15	100	√	√	√		3	91.92	97.92	97.92
14	[illegible]	[illegible]	100	56	61	50	75	60.50	92.10	72.63		96	95	87.88	100	√	√		√	3	91.99	97.99	97.99
15	[illegible]	[illegible]	100	68	80	85	50	70.75	94.15	79.23		|		79.23	98.875	√				1	89.13	91.13	91.13

图 3-4 取自 2020/2021 学年"大学物理"平时成绩记录

随着创新实验设计、科技前沿问题的开发，本课程逐年增加课堂外作业，制作科技作品、调研科技前沿问题、撰写科技论文，以培养学生的创新思维与科学素养、团队合作与书面表达能力。

2. 一节课的实施举例

"大学物理"一节课设计（取自§3-1动量定理，面向自动化2020级）见表3-4。

表3-4　　　　"大学物理"一节课设计表

时间	环节	内容	思政融入	备注
课前	考勤	扫码考勤		
2分钟	导入	对比牛顿定律的瞬时规律，探索力的积累效应	辩证学习态度	讲授
2分钟	回顾对接	1. 动量定理（温故知新）（1页）牛顿第二定律变形，引出质点的动量定理		讲授类比学习法
8分钟	授新	①动量；②冲量；③平均冲力；④质点系定量定理（10页）		讲授
12分钟	授新讨论	⑤平均冲力的应用：（4页）跳高、标枪等运动中缓冲垫的保护原理；小鸟撞击飞机事件调研；吴菊萍托举幼童实例解析	弘扬大爱至善、见义勇为的精神	例题精讲提问
3分钟	授新	2. 动量守恒定律（2页）		讲授
8分钟	练习	动量守恒定律应用练习题；神舟飞船太空变轨对接等工作原理（4页）	激发神舟系列飞船科技自信、民族自豪感	随堂练习
3分钟	总结	问题形式总结（1页）		提问
2分钟	布置作业	①创新实验设计：验证动量守恒（1页）；②毕怀彬临终坚守岗位挽救乘客性命，对此事件发表看法	培养沟通交往、团队合作能力；爱岗敬业的职业素养	学习通平台

第三章　课程思政实施案例

"大学物理"一节课思政元素融入PTT（§3-1动量定理，面向自动化2020级），吴菊萍托举幼童案例解析如图3-5所示。

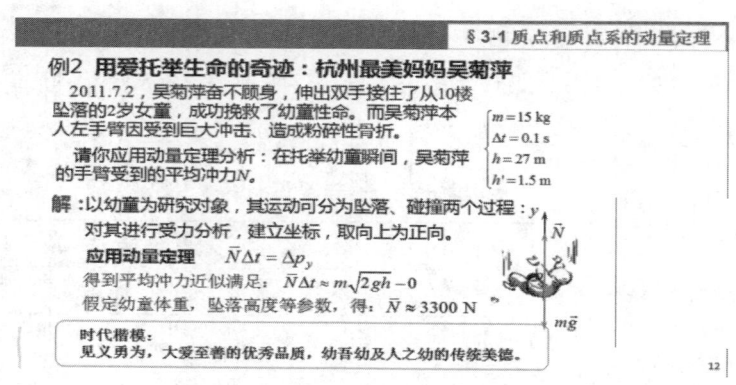

图3-5　吴菊萍托举幼童案例解析平均冲力（一）

"大学物理"一节课场景实录截图如图3-6和图3-7所示（§3-1动量定理，面向自动化2020级）。

图3-6　吴菊萍托举幼童案例解析平均冲力（二）

（五）取得成效分析与体会

2020/2021学年对自动化2020级学生问卷调查显示，学生对思政案例解析、创新实验设计等融入课程教学非常满意，63.8%学生认为应适当增加教育元素，57.5%学生认为思政教育的作用潜移默化，对今后品格素养的养成具有较大影响，有利于大学生核心素养提升（图3-8）。

第一节 通识类课程案例

图 3-7 讲授神舟系列飞船全球领先技术

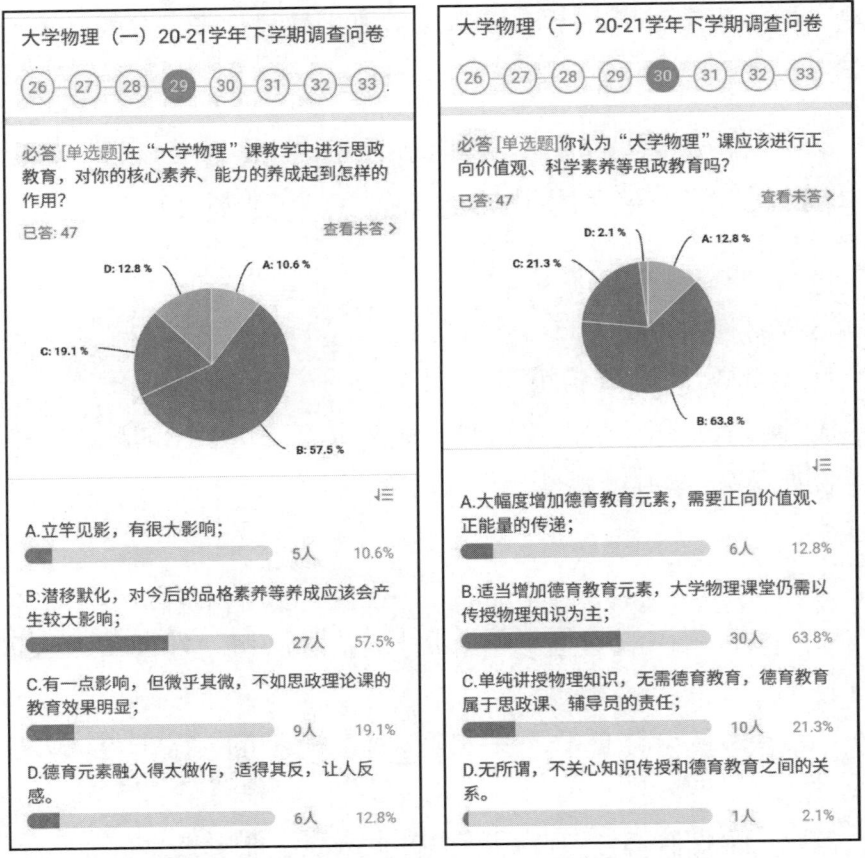

图 3-8 取自 2020/2021 学年"大学物理"学生调查问卷

本课程思政建设，具有以下三个特色：

（1）基于 OBE 教学理念，以学生为中心。改革通识教育课单一讲授式教学模式，开展小组讨论、课堂展示、实验设计等教学环节增强师生互动，打造互动性课堂，提升课程的"高阶性、挑战性"。

（2）三个切入点，隐性融入思政教育元素。即以理实融合、物理学史、实验设计为切入点，将红色案例自然融入课程内容，案例促进知识理解，实现知识传授与价值引领的双重课程目标，打造有温度的思政"金课"。

（3）"知识、技能、态度"三位一体考核。除了传统的考勤、作业，增加前排就座、拓展作业等，细化过程性考核指标，科学评价学习态度。

二、养成核心能力，锤炼必备品格——"大学生核心素养导论"课程思政实践（通识类案例2）

（一）课程基本情况

课程名称：大学生核心素养导论。

课程类型：文化素质课程。

教师团队：创业学院沈陆娟、徐金寿、汪一丁、王丽、徐竞。

授课学分/学时：48学时（其中第一、二、三课堂各16学时）；3学分。

主要教材：

（1）《职业沟通教程（第二版）》，武洪明、许湘岳，人民出版社。

（2）《团队合作教程（第二版）》，许湘岳、徐金寿，人民出版社。

（3）《自我管理教程（第二版）》，许湘岳、吴强，人民出版社。

依托在线平台与课程网站：浙水院网络教学平台（超星），http：//zjweu.fanya.chaoxing.com/portal。

（二）课程改革基础与背景思路

1. 基础与成果

2011年至今本课程覆盖26个本科专业，6个专科专业，获益学生2.5万人左右；近千名学生通过"职业沟通"等模块能力认证。"核心素养领域"相关成果获2016年省政府颁发教学成果一等奖，并立项教育部产学合作协同育人项目和浙江省高等教育教学改革项目。

（1）2017年立项校"三位一体"考核课程。

（2）2018年立项校首批"课程思政"示范课程。

（3）2020年立项"省一流线下课程"。

（4）2021年课程负责人参加省首届高校教师创新教学大赛获"正高组"三等奖。

（5）2021年立项浙江省首批课程思政示范课程建设项目。

2. 背景与思路

学校主推SWH-CDIO-E工程教育模式，提出培养上手快、后劲足的"德才兼备"的应用型人才，实施软硬技能并重培养的策略，构建"四大能力"平台和"三个体系"，本课程是学生职业核心能力平台的重要课程，是素质取向软技能养成教育体系的重要组成部分。

本课程是一门培育大学生养成核心能力、锤炼必备品格的通识教育人文素质课，是开展课程思政面向学生层面的先行引导课，与面向教师的先行引导课"新时代教育与课程思政"同频共振。

（1）本课程的建设发展历程。本课程历经四个发展历程：

第一阶段：2010年开始，课程原称"大学生核心能力"（24学时），在CDIO教改专业中先行。

第二阶段：2014年课程名调整为"大学生职业素养"（24学

时),在全校工科专业中实施。

第三阶段:2016年课程名修正为"大学生核心素养导论"(24学时),覆盖所有本科专业。

第四阶段:2019年确定为"三课堂一体"课程(课内外48学时)。

(2)学情分析。大学本科四年(一般18~22岁),这个阶段对整个人生过程中的影响是非常大的。学校相对社会比较单纯,大学生心无旁骛,本科学习阶段认识不到这一点;从小受唯分数唯升学环境氛围影响,学生往往会忽视可持续发展潜能的养成教育。因此,对文化素质类课程的兴趣点和期望值不高。新生高考分数段大约处在全国考生的中间,学习力和自我管理能力属于一般。

认知特点:我校多为工科学生,逻辑思维、理性思维较强,感性思维偏弱,有"重硬轻软"的习惯性思维,喜欢游戏活动等寓教于乐的学习方式。

语言特点:学生擅长动手操作、思考探究,屏幕交际能力强,面对面沟通、公共演讲等能力不足。

学习动力:CDIO工程教育模式课程多采用"项目制"教学,学生融入团队和团队有效合作的能力亟待加强。

(3)课程目标。

知识目标:通过学习,掌握团队要素、高绩效团队激励和培育机制等;掌握沟通的基本理念和技能;懂得书面与口头表达的重要性,理解情绪管理和终身学习的重要性。

能力目标:提升学生工作执行力和团队合作能力;良好的人际沟通和交往能力、耐心倾听和情绪管理能力、自主学习和信息处理能力、口头和书面表达等八大能力,最终把所学内化为稳定的思维意识和行为习惯。

素质目标:树立正确的职业理想、加强职业道德修养、修炼职业情商、塑造职业形象,引导学生养成良好的做人做事态度,培养态度、诚信、感恩、相助、信仰、情怀等核心素质，融入社会主义核心价值观。

（4）课程组织。主要是通过三课堂联动开展，第一课堂（第一学年）理论教学 16 学时。

通过课程概论，加入团队、感受团队，职业沟通和倾听，团队冲突、激励和培育，说服拒绝和交谈技巧，非语言沟通和沟通礼仪、工作中的沟通等六个专题进行。组织实物情境、语言表达、动作表达、生活体验等多种类型体验实施教育教学。旨在培育六项必备品格，养成八种核心能力。

本课程教学手段创新，线上线下联动，充分运用学习通、蓝墨云班课、钉钉、团训软件等平台进行线上理论教学和团队实训，开展耐心倾听、角色扮演和团队综合设计实践项目，布置课堂作业、小测试、组织讨论、投票选择、浏览活动区的讨论答疑等。从中培养与他人合作、分享、多赢的做事原则与方法技巧。

第二课堂（第一、二学年）交流引导、训练养成 16 学时。

第三课堂（第二、三学年）红色基地、锻炼习得 16 学时。

（三）课程思政设计

建立了"三课堂联动育人"机制。基于 OBE 成果导向的教育模式，采用案例讲解、互动交流、显性引导、体验教育、BOPPPS 教学法等，保障学生获得学习成果并持续改进。运用现代信息技术（借助学习通、贝腾软件等），增加团队实训、项目实践等锻炼习得内容，引导学生做到"学习知识、锤炼品格、养成能力"三位一体。

1. 第一课堂（理论教学）

（1）基于体验式等教学方法"显性引导"。运用"冰山模型"诠释了软技能与硬技能、显性与隐性、表现与潜质、现在与将来几对辩证关系。将中国优秀传统文化教育融入课程，如结合名著《西游记》《水浒传》人物故事来讲述高绩效团队特征和团队角色，提升文化自信；将《亮剑》等优秀作品引入，进行沟通原则、说服赞美技巧知识点教学和爱国主义教育，如图3-9所示。

图3-9　育人元素融入课堂理论教学

将生活中的案例引入，让学生感受倾听的作用，进行生命教育，突出尊重、换位思考、同理心、感恩等传统美德和核心价值观。从沟通礼仪、表情、动作、眼神等讲授出发，培养学生职业意识、职业素养、职业道德，提升审美自信、职业自信。

（2）基于"课程思政十法"，课堂教学隐性融入。倡导课程思政隐性融入。将中国优秀传统文化融入教学，将前沿知识非暴力沟通等详细讲解，自然插讲当前国家、国际形势新闻；寻找红色案例、视频等建设"红色资源库"，增强"四个意识"，坚定"四个自信"；精选"水文化＋"课程思政育人元素，弘扬水利精神；利用校外红色基地（行走课堂）载体进行育人。

（3）开展团队实训和综合项目实践，思政元素隐性融入。增加贝腾软件实训，感受团队合作、沟通和领导力训练，培养与他人合作、分享、多赢的做事原则与方法技巧，如图3-10所示。

综合实践项目含专业项目、专业相关调研、专业对应职业的相关调研访谈、社会调研、情境模拟等，通过团队合作参与问卷调

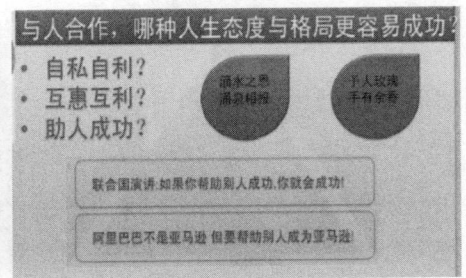

图 3-10　育人元素融入实训教学

查、生涯人物访谈、职场体验、专业项目操作等，让学生能更好地灵活运用沟通、团队合作理论中学到的知识，培养脚踏实地、创新进取、求真务实等品质和良好的择业观、价值观。

（4）三位一体考核，过程评价中突出态度考核。线上线下联动，师生、生生互动，实施"知识、技能、态度"（KSA）三位一体考核，养成良好学习行为习惯，培养自我管理能力。运用学习通、钉钉等平台考勤、小测试、组织讨论、投票选择、抢答等，强调过程细化考核，注重过程评价，突出态度考核。

2. 第二、三课堂

第二课堂通过专家讲座、课题研讨、交流引导和示范课演绎等，逐渐树立培育核心素养的新思想、新目标和新方法，如图 3-11 所示。专家讲座中包括人文素养启蒙、做人做事教育、领导力、SWH-CDIO-E 工程教育模式中软硬技能融合培养方式等，显性引导学生在校学习和生活过程中做到"学习知识、锤炼品格、养成能力"三位一体；使自己"有涵养、懂做人、会做事"。

第三课堂主要在校外红色基地采用"行走课堂法"进行农村蹲守、红色追忆、劳动实践、教学实习等"体验式教育"，树立正确的理想信念，具有家国情怀，如图 3-11 所示。

（四）课程思政具体实施

1. 一门课的实施

（1）"大学生核心素养导论"课程思政育人元素，见表 3-5。

图 3-11　育人元素融入第二、三课堂

表 3-5　　　　思政育人元素融入课程汇总表

教学内容概述	课程思政育人目标	教学方法
融入团队和团队激励 讲授团队的概念、高绩效团队的特征；团队角色的基本类型，认知自己的团队角色。 团队的基本类型、培养团队精神的因素和方法以及团队激励的方法	提升学生工作执行力和团队合作能力；培养态度、诚信、相助等核心素质，树立合作共赢的做事原则，进一步培养文化自信、家国情怀等优秀品格	①实物情境体验：通过图片、视频呈现案例，如新东方、马云团队，了解团队要素、角色，突出创业者的爱国情怀和积极向上的人生观、价值观；②语言表达体验：布置团队游戏，小组讨论投屏分析、PPT汇报，锻炼沟通能力、分享合作；③将中国优秀传统文化教育融入课程，如结合四大名著《西游记》《水浒传》等中团队内容来讲述高绩效团队特征和团队角色；④将火神山医院的建设作为案例，强调团队合作的重要性，也体现我国集中力量办大事，中国特色社会主义制度的优势

第一节 通识类课程案例

续表

教学内容概述	课程思政育人目标	教学方法
职业沟通概论 　　讲解沟通的概念、有效沟通的重要性；口头、书面沟通的原则和方法；深入解析非暴力沟通（爱的语言）、工作中的沟通要点，赞美、说服、拒绝等方法	掌握沟通的基本理念和技能，懂得书面与口头表达的重要性；培养良好的人际沟通和交往能力，树立考虑对方需求、换位思考等信念，突出尊重、理解、坦诚、宽容、适当、及时六大沟通原则。学会非暴力沟通（爱的语言）的方式方法	将"冰山模型"和浙江省教育评估院对用人单位调研的大数据分析融入课程，讲述职业沟通、合作的重要性。 　　体验式教学设计：①实物情境体验：讲述沟通故事，凸显防止主观误差重要性；观看《亮剑》作品，体会沟通的基本原则，如尊重、理解、宽容、坦诚等，以及说服赞美的方法，进行爱国主义教育；②语言和动作表达类体验：如角色扮演，让学生根据问题情境分析，扮演角色，体会描述性沟通方法，学会爱的语言（非暴力沟通）
倾听 　　倾听与反馈章节是《职业沟通教程》中的重要内容之一，是大学生有效沟通的基石。 　　主要内容包括：倾听的概念，辨析听与倾听；倾听的意义，感悟倾听的五大作用；倾听测试，对同理心倾听有初步印象；倾听的原则，专注、负责、移情、接受、少建议；倾听的三个层次，"精神""观察""语言"；总结反馈式倾听	讲授倾听的重要意义，感受倾听所体现的品质态度：尊重、理解、包容、共情、关爱、防止主观误差，体现核心价值观，通过角色扮演了解影响倾听的因素和倾听方法，培养耐心倾听和情绪管理能力，最终目标是提升大学生可持续发展竞争力	开展 BOPPPS 教学法，①从《寻找我的兄弟老六》故事出发，让学生体会倾听重要性，感受倾听的力量，并进行生命教育；②通过讨论活动，代入角色中，思考同理心倾听的反馈，突出换位思考，倾听对方需求的重要性；③从生活实际案例剖析和操作练习中体会倾听的"3F"（fact、feel、focus）方法，让学生感受倾听语言的魅力和尊重理解等原则的语言表现方式；④通过学生课堂上的收获和价值分享进一步提升其价值观等

续表

教学内容概述	课程思政育人目标	教学方法
非语言沟通和沟通礼仪 讲解非语言沟通的含义、作用、特点等；讲述身体语言、表情、眼神等所传递出来的信息和基本的沟通礼仪（包括站、坐、走、蹲姿；着装、握手、点头致意、介绍他人和自我介绍、递交名片等），体现团队合作、沟通知识要点	从沟通礼仪、表情、动作、眼神等细节讲授出发，来培养学生的职业意识、职业素养、职业礼仪和尊重、谦逊、守礼、理解、诚信等职业道德；提升学生的职业情商和职业自信，塑造良好职业形象	以体验式教学中的活动教学、案例教学为主，辅以操作练习、案例探讨、视频纠错等方式培养学生的职业情商、批判性思维等。 沟通礼仪、工作中的沟通讲授中进行情景剧表演评价，包括自我介绍和介绍他人、交换名片、眼神手势、礼貌用语、语言是否流畅和整体效果等方面，提升学生的职业礼仪和职业形象
团队建设和培育（包括团队冲突及解决、领导力等）体验式实训 团队训练是一个综合性实践互动情景游戏。通过不同环节的精巧实验环境的搭建，使每一位学生都可以阶段性沉浸于具体环境任务之中，在不知不觉间按自身日常常规性格、思维模式、价值判断等做出自己所能认可的合情合理的选择与决策，通过更为真实的表现自我的过程中，深刻理解团队的组建与管理过程中所蕴含的真正要义。讲解团队冲突和解决、领导力培养等理论	从活动游戏中深刻理解团队对成员的个人能力、团队意识精神的要求；体验团队成员的物色、沟通、组建的全过程；团队内部的组织分工与实际工作的协调。 体会团队冲突及解决策略、团队合作能力、领导力的培养，深刻理解团队与个人发展的共损共盈关系。提升创新思维、合作共赢思维和沟通能力，体会乐于助人是稀缺的人格品质，主动帮人是领导力的重要基础等 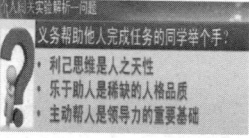	借助团训软件，是针对团队成员个人能力、团队意识、组织分工、优势互补、竞争意识等设计的一个综合性实践互动情景游戏，学生在全程参与式体验过程中，教师将只起到组织观察引导作用，并不会给予明确的决策判断依据及建议，学生在参与过程中享有完全开放自由且充分的分析判断裁量权。 从游戏体验中培养与他人合作、分享、多赢的做事原则与方法技巧，了解团队需要的组织分工机制、沟通协调机制、利益分配机制、退出转让机制等 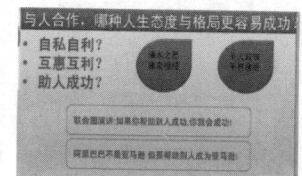

第一节 通识类课程案例

续表

教学内容概述	课程思政育人目标	教学方法
讲座（第二课堂互动式教育）人文素养启蒙、做人做事教育、领导力、SWH-CDIO-E 工程教育模式中软硬技能融合培养方式等	使学生明确："六项必备品格""八种核心能力"是影响终身可持续发展的核心素养；引导学生在校学习和生活过程中做到"学习知识、锤炼品格、养成能力"三位一体；使自己"有涵养、懂做人、会做事"	以全国高校思政工作会议精神为指引，提出大学生应具备适应大学的学生素养、适应职场的职业素养以及适应社会的公民素养，围绕"SWH-CDIO-E 工程教育模式和人才培养""如何提高领导力，怎样提升执行力""做人做事教育"等进行讲授。达成减少"教条式"的说教，创设"动情点"，以引起学生的情感共鸣、启迪思想、触动灵魂，从而内化为学生的核心素养
实践项目 PPT 汇报（体验式教育，期末考试之一）要求学生组建团队完成课外实践项目，并于课上进行汇报和答辩，考核标准为依据实践项目评价指标体系（含项目简述、项目实施、实施中的问题和如何解决、项目成果、PPT 汇报等）进行小组互评、全班同学投票和教师评价	明晰项目实施过程中构思、设计、实现、运行的全过程，增加专业知识技能，培养团队合作沟通能力。了解行业、职业、岗位（群），对职场有初步感受，培养"忠诚、干净、担当、科学、求实、创新"的水利精神，同时进行生态教育等，树立正确的择业观、价值观和人生观	课外实践项目，含专业项目、专业相关调研、专业对应职业的相关调研访谈、社会调研、情境模拟等，通过问卷调查、生涯人物访谈、职场体验等，让学生能更好地灵活运用沟通、团队合作理论中学到的知识，培养综合能力。同时，课内要进行分组 PPT 汇报和答辩，同学互评和老师点评相结合，科学评价、提升素养

（2）三位一体考核，核心素养养成评价。实施"知识、技能、态度"三位一体考核方式，知识考核采用理论小测试、课程总结等，为职业核心能力测评做准备。技能考核采取情景剧、实践项目汇报、上机实训等，培养学生软技能，为参加省级一类赛事做准备；态度考核包括考勤、课堂回答问题和参与活动的情况等，采用教师评价、小组互评等多元评价方式。平时成绩和期末成绩各占50%，期末考试包括实践项目大作业及实践项目总结，如图3-12所示。

1）课程总结或实践项目总结。课程总结或实践项目总结是学

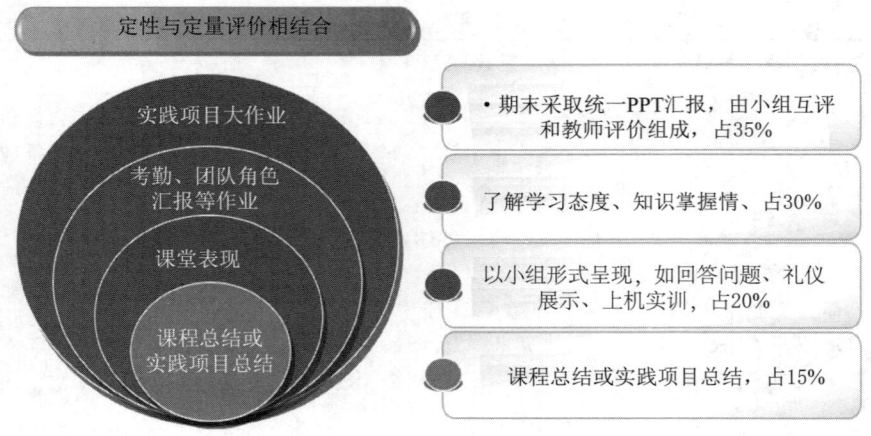

图3-12 三位一体考核方式图

生对学完整门课程或团队完成综合项目后的知识总结、体验收获和能力培养感悟，从中对团队合作、职业沟通、自我管理和创新创业等能力有了更深层次的体会，得到了养成锻炼和培养。

学生撰写项目总结案例——"水质调查项目实践总结"，内容分项目背景、项目实践过程、项目实践问题和项目实践心得四个部分。描述了小组成员到达杭州下沙开发区13号水渠进行水质调查，分工明确，有采集、测试、记录等工作，对不同时段、不同水位、流速区域的水都进行了采集，收集了大量水质数据和信息，对实践中遇到的问题，如缺少后期分时间段的采集、资料的完善程度不够、还存在误差等进行了理性分析。最后项目组成员呼吁水是生命之源，水资源紧张、水环境恶化、水利用不合理问题始终存在，需要全社会保护水资源。学生在报告中总结体会：一是团队协作融洽，成员各司其职，无矛盾冲突。团队精神的核心是协同合作，最高境界是向心力和凝聚力，个人利益与团队利益的高度统一，保证高效率完成，面对困难要有信心有勇气去面对。二是对项目的了解，合理利用身边资源及积极了解相关知识，要关注细节，并且具有钻研精神。

2）综合技能考核——体验式教育。职业礼仪情景剧展示性考核，设有评分标准和具体项目。内容涉及沟通礼仪、工作中的沟通等时，会邀请学生分组进行情景剧表演，包括打招呼、自我介绍和介绍他人、交换名片、眼神手势、礼貌用语等，提升学生的职业礼仪和职业形象，并进行打分，评分标准见表 3-6，以此培养学生的相关沟通礼仪技能，其他还有一些简单情景表演，包括说服、交谈技巧、同理心倾听等。

表 3-6　　　　　评 分 标 准

	组长：		小组成员：		
评分项目	序号	评分内容		评分（每项 10 分）	备注
	1	敲门			
	2	打招呼			
	3	自我介绍			
	4	介绍他人			记录：
	5	交换名片			1. 缺少的内容。
	6	礼貌用语			2. 点评不足和建议
	7	微笑			
	8	眼神视线			
	9	手势			
	10	语言是否流程和整体效果			
		综合分数			

最后实践项目汇报。汇报程序类似校创新创业核心能力大赛赛程，含专业相关调研、专业对应职业的相关调研访谈、社会调研、情境模拟四类，如图 3-13 所示，让学生能更好地灵活运用沟通、团队合作理论中学到的知识，对专业、职业、岗位（群）有更深的了解，培养综合能力的同时进行环境安全教育、职场体验，形成团结合作、攻克难关、求真务实的职业态度等。

3）态度考核。根据学生在学习过程中的出勤情况、课堂表现、作业情况及沟通交流、合作意识等设计评价指标，如图 3-14 所示，

图 3-13　专业相关作品

（a）运用学习通考勤　　　（b）测试并分析　　　（c）组织讨论

（d）角色扮演　　　　　　（e）答题投票选择

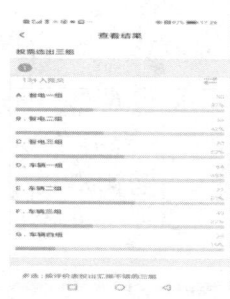

（f）评价投票选择　　（g）布置作业　　（h）课前观看预习视频

图 3-14　课堂教学平时表现评价方式

采用了教师评价、个人自评、小组点评等多元化的评价方式。在团队角色环节，学生自评，正确选择合适自己的角色，使分工更具针对性，有效减少团队冲突；在小组汇报情境表演中，小组交叉评价，如图3-15所示，有助于帮助学生增强理论分析水平，提升能力培养，激发其学习动机主动探索及求实精神，注重课程教学中教育学生学会做人和学会做事相结合。

(a) 学生评价截图

(b) 教师评价截图

(c) 平时成绩记录截图

(d) 期末成绩记录截图

图3-15 多元化评价相关记录截图

2. 一节课的实施案例

(1)"大学生核心素养导论"一节课（倾听）教学目标和思政元素说明，见表3-7。

表 3-7　　教学目标和思政元素融入教学案例设计

教学内容	沟通首先从倾听开始，掌握倾听的要素和意义，了解影响倾听的因素，掌握倾听的三个层次和3F技巧，学会倾听，能准确把握并表达听到的信息
本次课的教学目标	（1）知识目标：了解倾听的概念和意义，影响倾听的障碍；掌握倾听的要素和三个层次。 （2）能力目标：掌握同理心倾听的技巧；掌握反馈式倾听的3F技巧。学生能够在倾听活动中掌握倾听技巧，准确把握信息并予以表达。 （3）育人目标：讲授倾听的重要意义和方法，感受倾听所体现的品质态度，尊重、理解、共情、关爱、防止主观误差，体现社会主义核心价值观、职业道德、职业意识和职业素养，同时进行生命教育，人生观和世界观教育，最终目标是提升大学生可持续发展竞争力
教学案例设计（教学内容与德育元素结合）	【案例1　寻找我的兄弟老六】视频案例分析倾听的重要意义，辨析听与倾听，对学生进行生命教育、人生观、世界观教育，体会倾听所应有的品质。 【案例2　一个汽车推销员的故事】体会倾听的价值，进行社会主义核心价值观的教育，如尊重、共情、理解等品质和职业意识、职业素养、职业道德的培养。 【案例3　主持人采访小朋友】了解倾听的重要作用，防止主观误差，体现换位思考，从他人视角出发看待问题的思辨思维。 【案例4　生活中的倾听实例】通过练习讲解倾听的基本原则，由此了解同理心倾听的含义和有效倾听的三个层次，打破学生的思维定式，进行批判性思维的培养。 【案例5　父子倾听实例】通过案例剖析和角色扮演，辨析生活中常见的提问模式、指导模式、教训模式、判断分析模式等与反馈式倾听的区别，掌握3F倾听语言技巧，体现核心素养培养的重要性和方法。 【案例6　学生情境案例】辨析是否进行有效沟通和倾听，以纠错的方式，提升学生的思辨能力，进一步强化同理心倾听和反馈式倾听，培养良好的职业素养和沟通能力。 补充新冠疫情期间武汉医生护士倾听病人的心声案例，强调对他人关爱、吃苦耐劳、创新思维、团结合作等能力

（2）"大学生核心素养导论"一节课（倾听）教学设计，见表 3-8。

（五）取得成效分析与体会

1. 学生感受

（1）历届毕业生对课堂教学效果的评价。

第一节 通识类课程案例

表3-8 一节课教学设计和时间分配

教学阶段	教学安排	教师活动	学生活动	思政融入	时间安排
导言	课堂教学以视频案例引入，辨析听与倾听	提问学生什么是倾听？课堂教学以视频案例《寻找我的兄弟老六》引入，辨析听与倾听	学生倾听、回答系列问题，如思考为什么是倾听？为什么他做这个演讲？	(1) 案例引入，吸引学生兴趣，引发思考。 (2) 融入生命教育、人生观、价值观教育。 (3) 体会倾听所应有的品质	4分钟
目标	明确本次课学习目标	告知本次课的学习目标：理解倾听的意义，了解倾听的含义、学会有效倾听的策略，主要学会使用同理心倾听与倾听对方沟通	(1) 了解本课程学习目标，知道自己课程结束时应掌握哪些内容。 (2) 课程结束时，思考学习目标是否达到	明确学生从知识、能力、情感价值三个层面了解教学目标和结束目标	1分钟
前测	引入学习通测试，并教屏反馈结果	让学生课前预习教材内容、完成前测，并反馈测试结果	(1) 预习《职业沟通教程》第一、二章内容。 (2) 打开学习通随堂练习，完成前测。 (3) 了解正确答案，检验自己掌握预习知识水平	(1) 通过课前预习和课上测试方式，培养学生自学能力。 (2) 通过对学生回答做出及时反馈，体现互联网+的优势	4分钟

续表

教学阶段	教学安排	教师活动	学生活动	思政融入	时间安排
参与式学习		1. 讲述倾听的意义，体现尊重、收集信息、建立信任、增进了解的需要等，同时通过视频和生活中的案例总结得出	学生结合视频案例，日常生活中人际交往的案例，在教师引导下思考倾听的作用和意义	教学中融入课程思政，进行尊重、关心、爱护、耐心倾听等品质的熏陶和培养	4分钟
		2. 用学习通App中的活动讨论功能发布"体验倾听"作业，各组将讨论结果发布于讨论区版块。目的是体验倾听的意义如体现对人的尊重，同时思考和分享有效倾听的方式方法，教师做活动总结	学生倾听、思考、讨论；小组活动：各组将讨论结果发布于讨论区版块	通过讨论活动，代入角色中，思考同理心倾听的反馈，突出换位思考、倾听方对需求的重要性	8分钟

第一节 通识类课程案例

续表

教学阶段	教学安排	教师活动	学生活动	思政融入	时间安排
参与式学习		3. 结合视频案例，由繁体字"听"引入，讲述倾听的概念	学生在教师引导下拆解繁体字"听"，由此思考倾听的内涵	(1) 问题驱动，引发学生思考。(2) 为本次课主要内容做知识铺垫	2分钟
		4. 倾听测试。给出选择题，请学生在学习通App中投票选择，投屏显示，基于此题分析同理心倾听的基本原则	学生在学习通问卷版块完成单选题，听教师分析该题	设计测试题，设置悬念，同时让学生体会同时是否同理心倾听，引出倾听的基本原则	2分钟
		5. 倾听的基本原则：专注、负责、移情、少建议（不判断）、学生在语言、行动等方面如何体现这些原则，完后再分析倾听测试题	学生回答如何体现专注、负责，包括语言、动作等方面。同时认真倾听测试题的解析，对同理心倾听有更深入的了解	激发学生深入思考，结合平时的沟通交往过程中，关注重点。这是本节课的主要内容	10分钟

91

续表

教学阶段	教学安排	教师活动	学生活动	思政融入	时间安排
		1. 有效倾听的三个层次。教师从"观察""语言""精神"三个方面总结。同时讲解3F方法	学生从 fact、feel、focus 三个方面了解了如何运用重复语句、具体化语句等澄清事实；如何运用情绪语言表示感受，而不是想法；如何了解对方的需求和意图	这是本节课的难点，要求同学了解同理心倾听的方式方法，并进行练习	6分钟
后测		2. 布置作业。布置同理心倾听角色扮演作业，邀请同学下节课做父子倾听与反馈角色扮演，分两组，一组同学表演不顺畅的倾听有提问模型的倾听方式，教训模式等类型的同理心倾听表演的方式；另一组反馈方式	学生明确课后作业的目的和内容，并对相关内容展开团队合作	(1) 布置与课程相关的课后作业，使学生养成课后思考的良好习惯。(2) 提高学生自主学习，沟通的能力，团队合作，激发学生对课程的兴趣。(3) 有助于学生查漏补缺，将所学内容内化于行	2分钟
总结		邀请学生简单总结本节课内容，并做价值分享，教师补充	(1) 回顾本课程内容的逻辑性与系统性。(2) 查漏补缺，对不懂的知识加以理解。(3) 价值分享、谈课程学习收获和体会	对课程进行系统性的梳理，以简短的文字帮助学生了解知识框架和重难点	2分钟

92

1)水利学院水利工程专业 2018 届毕业生项俊洪邮件致谢:老师上的核心素养课不仅气氛很活跃,而且润物细无声的学到了不少做人做事道理,可能这辈子也不会忘记。

2)信息学院软件工程专业 2017 届毕业生施展豪认为:IT 行业最需要的是自我管理、合作沟通、创新思维能力,参加核心能力测评认证后,感觉对于提升这方面的能力收获很大。

3)电气学院电气工程专业 2020 届毕业生豪星感悟:核心素养课老师讲的要多读书,方为做有用的人;有的书现在看起来没用,是因为现在还没碰到,尽管现在只有毕业一年多,已经很有体会了。

4)"跪地托举救人"上了新华社网的建工学院建筑设备 2017 届毕业生蔡卓奇说:从这件事后很多人都叫我英雄,我觉得我只是在做一件遵从内心、微不足道的小事。在浙江水院读书时核心素养导论的老师经常教导我们,做事先做人,做事先从心。这句话给了我莫大的勇气与鼓舞。

(2) 在校学生对课程教学效果的评价。

1)讲课的方法真的可以颠覆一门课程的受欢迎程度,我从未想过一门文化素质类课程还可以这样有意思地展现在学生的眼前,让我真正学到了我需要的东西。

2)在今天的课堂上使我感受到了心灵的激荡,突然间就对之前所发生的一些事情有了深刻的意识,似乎那些一直没解决的问题一下子变解开了。

3)徐老师在百忙之中给我们上了一课,我从未感受过如此轻松、热情的课堂氛围,全程积极参与度很高;我对未来有了目标,也有了信心。

4)课前对这堂课没抱什么期望,无非是严厉的说教,但是我被徐老师的毅力与精神深深震撼到了。是他让我对表达与沟通、合作与交流、做人与做事等有了新的认知。

2. 教师体会

(1) 课程思政显性引导为学生可持续发展赋能。核心素养是一个人的可持续发展潜能。它是内隐的，价值不够凸显，也难以测评与量化衡量，需要突破"隐性潜能实现显性引导培养"。通过课程教学使学生明确："六项必备品格""八种核心能力"是影响终身可持续发展的核心素养；运用直观形象的"冰山模型"帮助学生理解软技能与硬技能、显性与隐性、表现与潜质、现在与将来等几对辩证关系。课程内容多用一些生动的案例、自身成长的经验，少一些理论的说教，以打开学生眼界，了解更为广阔的社会和尚未涉足的领域，从而引起情感共鸣、触动灵魂、启迪思想，让学生心态更为开放、心智更为成熟、思维更契实际。从而内化为学生的自身素质。让学生明白"有涵养、懂做人、会做事"，才具有终身发展的核心竞争力。

（2）融合多种教学模式，三课堂联动育人，课程思政隐性融入。建立"三课堂联动育人"机制，第一、二、三课堂教育教学内容与方法一体化设计；采用多种教学模式进行案例讲解、互动交流、显性引导、体验教育等。理论教学基于互联网信息技术，体现体验式教学，通过图片、视频等呈现案例，引导他们通过自身探索获得知识的实物情境体验；有小组讨论投屏分析、头脑风暴等锻炼沟通能力、倾听水平的语言表达体验；还有角色扮演、活动游戏等动作表达类体验，学习通将课程PPT事先发给学生自学、课堂考勤、讨论区回答、投屏选择等赚经验值，学生能在愉悦的活动游戏中获得核心素养养成教育。

体验式的团队项目综合实践、团训软件实训等在实践过程中掌握知识技能的同时也进行了做人做事教育、生命教育和环境保护教育等，养成守纪、尊师、谦逊、诚信、吃苦耐劳等品质。"水文化＋"育人元素润物细无声融入课程。

（3）三位一体教学评价，突出态度考核，达到"学习知识、锤炼品格、养成能力"三位一体。为使课程教学效果达到"学习知识、锤炼品格、养成能力"三位一体的目的，需要全面评价学生的知识、技能和学习态度，实施"知识、技能、态度"三位一体考核方式，有助于实现该目标。对阶段性教学进行总结和反思，及时调整教学方式和方法，同时通过过程性考核及时反馈，使学生看到自己的进步或不足，提高学习兴趣，不断端正态度，增强分析问题和解决问题的能力，核心素养养成教育能落到实处。

第二节 理工类专业课程案例

理工类专业课程的特点是揭示事物的客观规律、展示自然的客观知识，以及基于这些客观的知识和规律而进行的技术创造。相对于文科类课程，其教学内容更倾向于专业理论的解析和知识的运用，将思想政治教育融入课程之中相对不易。因此，理工类专业课容易出现专业教育与思政教育结合不够紧密的情况。《高等学校课程思政建设指导纲要》指出，理工类课程要在课程教学中把马克思主义立场观点方法的教育与科学精神的培养结合起来，提高学生正确认识问题、分析问题和解决问题的能力。还特别针对工学类专业课程提出：要注重强化学生工程伦理教育，培养学生精益求精的大国工匠精神，激发学生科技报国的家国情怀和使命担当。浙水院是一所以工科为主的专业院校，因此相关专业课能否依据学校课程思政顶层设计指引，切实融入课程思政元素，达成有效育人的目标和特色，是学校实现课程思政建设全面深化推进的关键。

一、坚持与初心，上一门"三有"课程——"电机学"课程思政实践（理工类专业案例3）

（一）课程基本情况

课程名称：电机学。

课程类型：专业必修课。

教师团队：电气工程学院万军、彭学虎、李益、孙澜。

授课学分/学时：56学时（其中实验8学时）；3.5学分。

主要教材：《电机学（第三版）》，胡敏强等，中国电力出版社。

依托在线平台与课程网站：浙江水利水电学院网络教学平台（超星），http://zjweu.fanya.chaoxing.com/portal。

（二）课程改革基础与背景思路

1. 基础与成果

（1）2017年入选学校"基于核心素养实施课程"。

（2）2018年入选学校首届课程思政示范课程；作为学校案例材料，2019年3月19日在央视"新闻联播""焦点访谈"节目中播出。

（3）2019年入选浙江省高等教育"十三五"第二批教学改革研究项目。

（4）2021年入选浙江省首批课程思政示范课程建设项目。

2. 背景与思路

电机学是一门专业基础课程，学校开设这一课程主要面向电气工程及其自动化、新能源科学与工程两个本科专业。

（1）本课程的育人改革实践由来已久。基于提高课程教学实效的初衷，本课程团队一直坚持课程改革。除上述近年来的课程改革项目外，本课程是学校最早实施项目制和"知识、技能、态度"三位一体考核的课程。特别是本课程团队积极探索项目制形式的体验式教学，学校电机拆装实训室在1997年已建成，创建人即为团队的主持人和主要成员，结合课程教学开展全真项目训练已有近20年的经验和积累。

（2）在新阶段本课程的新思考。坚守"为党育人、为国育才"的初心和使命，在课程育人体系中，每一门专业课程均要发挥一颗"螺丝钉"作用。本课程团队以"电机学"这一门专业基础课为载体，对课程思政在方法和载体、内涵和内容、教学方式等几个重要方面进行了实践尝试，在实践过程中，重点思考以下几个问题。一是基于"水文化＋"育人元素（"六项必备品格""八种核心能力"），如何对接学校育人特色和服务专业培养目标要求，提取本课程的课程思政育人元素；二是结合本课程教学设计，如何有侧重地践行学校"课程思政十法"。以此更好贯彻学校提出的"课程思政十点水院共识"，发挥学校课程思政"大熔炉"的教育合力作用。

（三）课程思政设计

1. 针对课程目标——课程思政育人元素的提取与凝练

（1）从专业出发正向对接。

对接依据一：电气工程及其自动化专业目标。

面向能源电力行业，培养具有国际视野、家国情怀、水利精神，以及良好人文素养、职业道德、沟通能力与团队精神，能胜任与电力工程有关的规划设计、电力工程项目建设实施管理、水电站等发电厂运行维护、电气设备设计研发等工作，并以技术或管理骨干的角色在工程实践活动中取得成就的高素质应用型人才。（摘自《浙江水院2019版人才培养方案》）

对接依据二：课程对接专业毕业要求达成度，见表3-9。

表3-9　"电机学"课程与电气工程及其自动化专业毕业要求达成映射矩阵表

课程名称	1. 工程知识			2. 问题分析		3. 设计/开发解决方案		4. 研究		5. 使用现代工具		6. 工程与社会	
	1.1	1.2	1.3	2.1	2.2	3.1	3.2	4.1	4.2	5.1	5.2	6.1	6.2
电机学与电机实训		H		H				M			H		M

课程名称	7. 环境和可持续发展		8. 职业规范			9. 个人和团队		10. 沟通		11. 项目管理		12. 终身学习	
	7.1	7.2	8.1	8.2	8.3	9.1	9.2	10.1	10.2	11.1	11.2	12.1	12.2
电机学与电机实训				M	M		H					L	

注　1. 节选自《浙江水院2019版电气工程及其自动化专业人才培养方案》。

　　2. H、M、L分别为高、中、低支撑强度。

电机学课程的育人指标为：达成专业所需的电机工程知识、分析和研究复杂问题能力培养的同时，融入育人元素——正确认识工程技术对社会的影响、职业规范、团队合作、终身学习。

(2) 从课程出发逆向支撑。

支撑一：课程建设案例库。

课程主讲教师梳理的18个案例，具体见2."红色资源法"，以下为归类。

科技历史案例：3个（科学精神）；真实经历案例：9个（职业素养）；国家进步案例：6个（家国情怀）。

支撑二：课程设计CDIO工程训练项目。

本课程团队将工程训练项目融入教学环节，以CDIO的理念模式开展，是培养"团队合作"的良好载体，具体见3."隐性融入法"。

支撑三：课程采用态度考核评价方法。

本课程团队注重采用态度考核评价方法，促进优良"品格行为"养成。

综上，电机学课程思政主要聚焦在家国情怀、科学精神、职业素养、行为品格、团队合作。

(3) 分析提炼。对电机学课程思政元素进一步归纳，如图3-16所示，达成强支撑的"水文化+"育人元素为情怀、态度和团队合作，可就此开展实施认定，如图3-17所示。

2. 针对课程内容——"红色资源法"（课程思政十法之一）

本课程为原理较强的专业基础课，课堂教学容易枯燥，往往须加入一定生活、生产中的事例，活跃课堂、生动教学。结合"课程思政"，选取了18个案例故事，分成科技历史（3个）、国家进步（6个）、真实经历（9个）等三方面，试图将家国情怀、科学精神、职业态度等融入课堂教学。这些案例本来就是课程内容，自然引入，没有另外占用课时，也有助于专业知识的理解和掌握，见表3-10。

第二节 理工类专业课程案例

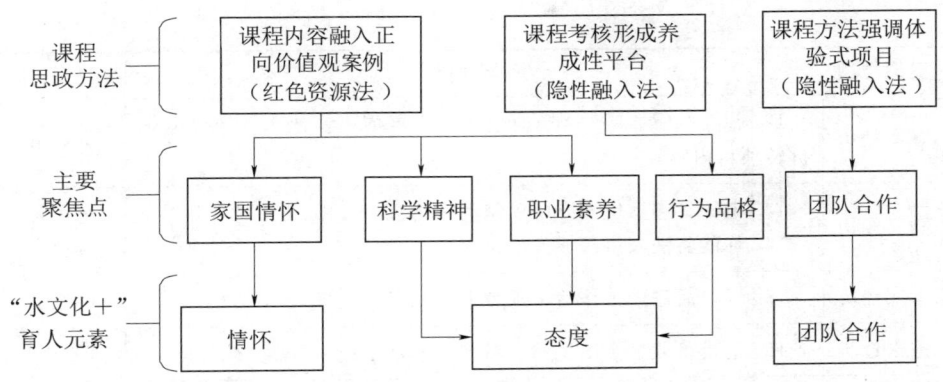

图 3-16 电机学课程思政聚焦点与"水文化+"育人元素映射归纳图

主要融入课程思政元素（核心素养）	必备品格： ······√·1. 态度······□·2. 相助······□·3. 感恩 ······□·4. 诚信······□·5. 信仰······√·6. 情怀 关键能力： ···□·1. 书面表达··□·2. 口头表达··√·3. 团队合作··□·4. 沟通交往 ···□·5. 耐心倾听··□·6. 情绪管理··□·7. 信息处理··□·8. 自主学习

图 3-17 电机学课程思政实施认定表截图

表 3-10　　电机学课程思政案例库信息表

案例类型	案　例　内　容	材料
科技历史	1. 爱迪生与特斯拉的交直流电大战的故事	视频
真实经历	2. 知识就是力量——剩磁技术应用 3. 变废为宝——电磁炉技术在节能上的应用	图片
国家进步	4. 非晶合金在中国电力行业的应用与发展	图片
科技历史	5. 小白兔成为"引路人"（科学家故事）	图片
国家进步	6. 什么是低功耗变压器？（行业发展）	图片
真实经历	7. 安全事故+电气专业毕业生发生的事故案例	视频
真实经历	8. 树立职业观念，努力学习技术，成为一线优秀电气工程师（讲述某运维老师傅不会利用分接开关调节技术的故事）	图片
国家进步	9. 组式变压器应用的变化，经历过的真实故事	图片
真实经历	10. 医院停电重症监护室医务人员忘我维持生命故事	图片
科技历史	11. 美国大停电事件案例分析	图片

续表

案例类型	案例内容	材料
真实经历	12. 你会拧螺栓吗？（毕业生正反发展的真实故事，结合电机拆转项目内容）	讲故事
真实经历	13. 电梯、起重机没有电磁制动作用会怎么样？ 14. 你能将洗衣机改成发电机吗？	小实验 视频
真实经历	15. 一位后进生工作后再求教电机知识的故事	讲故事
国家进步	16. 电机行业最突出发明（浙江大学百年最大两项成果之一）	图片
国家进步	17. 三峡工程中电机的国产化案例	图片
国家进步	18. 从并网技术的改变（由简单电气化，到自动化、智能化）谈能源互联网	线上资料

把握点就是不但润物无声，还要春风化雨，具有知识传授和价值观传递的双重作用。

3. 针对课程方法——"隐性融入法"（课程思政十法之一）

在课程中开展"项目制"教学。结合教学内容设计三个 CDIO 电机实做任务（表 3-11），学生以团队的形式完成，进行融入思政元素的体验式培养，注重工程中的优秀职业素养和关键能力，如吃苦耐劳、团结合作、认真求实等；学生在亲历工程实际中，获得真切感受，容易激发情感共鸣，"做"中更有育人效果。

表 3-11　电机学课程中融入的 CDIO 工程训练项目

序号	实验教学项目典型任务	计划学时	实施方式	成果要求	组织要求
1	CDIO 任务一：电机及变压器认识	1（课内）+2=3	课内集中指导，课外分组实施，开放实验室	报告+团队汇报；所有任务实施过程记录汇成一本报告，汇报综合为一次。因学时有限，报告与小组汇报在课外进行	以 3~4 人团队形式完成
2	CDIO 任务二：异步电动机的认识与拆装	2（课内）+2=4			
3	CDIO 任务三：电机绕组及下线	2（课内）+6=8			

把握点就是以 CDIO 实做项目达成"真环境＋真项目＋真做＝真感受",体验式锻造软硬能力。

4. 针对课程考核——"隐性融入法"(课程思政十法之一)

推行"知识、技能、态度"三位一体考核。强化守时守纪、自觉自律、文明规范等;平时成绩强调细化和过程记录,包括考勤、前后排就坐、课堂互动、作业、课前课后主动学习、团队合作等多个方面,本课程一般每名学生达 50 次以上评分记录。

把握点就是注重评价过程而不是结果,从而搭建一个态度养成平台。

(四) 课程思政具体实施

1. 一门课的实施

(1) 修订"红色教案"("红色资源法")。根据课程思政元素案例库,将每一个案例具体编写在教案中(表 3－12),形成一本"红色教案",并真正做到"显性设计、隐性施工"。

表 3－12　　电机学教案中课程思政融入汇总一览表
(2020/2021 学年实施)

序号	教学章节与课程思政融入点	"水文化＋"育人元素	教学方法
1	第一章　电机技术基础 (1) 在电机科技发展史中融入爱迪生与特斯拉的交直流电大战的故事。 (2) 在电机材料基础中,讲述剩磁技术应用的故事	态度	视频资料 讲述亲身经历
2	第二章　变压器的认识与生产 (1) 在讲述变压器基本原理中的自感和互感系数时,融入发明科学家约瑟夫·亨利的故事。 (2) 讲述低功耗变压器时,介绍中国近几十年变压器技术的进步	态度 情怀	多媒体讲授

第三章 课程思政实施案例

续表

序号	教学章节与课程思政融入点	"水文化+"育人元素	教学方法
3	第三章 变压器的试验与分析 (1) 试验融入巡检安全事故+本专业毕业生发生的真实事故案例。 (2) 电压变化率融入讲述某运维人员不会分接开关调节技术的真实故事	态度	视频资料 讲述真实故事
4	第四章 变压器的选配与运行 (1) 讲三相变压器结构时,大型变压器安装应用亲身经历。 (2) 讲变压器并联运行融入医院停电重症监护室医务人员维持生命故事。 (3) 在变压器突然短路中融入美国大停电事件案例分析	态度	讲述真实故事
5	第五、六章 交流电机基础与异步电机的认识 (1) 在交流电机的发展史中介绍科学家对工业文明的推动。 (2) 在中国电机工业发展中,融入"水内冷"技术和发明人的故事,单机容量世界最大机组的介绍。 (3) 结合电机拆装项目内容,讲毕业生"拧螺栓"提升总结分析能力的故事	态度 情怀 态度	多媒体讲述 讲述真实故事
6	第七章 异步电动机的运行与选配 (1) 在三种工作状态中讲电磁制动作用,采用电梯、起重机失灵案例。 (2) 电动机与发电机运行方式中,介绍改装案例	态度	重物演示 洗衣机改成发电机视频
7	第八章 同步发电机认识及基本工作原理 融入三峡工程中电机的国产化案例	情怀	多媒体讲述
8	第九章 同步发电机运行 从并网技术的改变(由简单电气化,到自动化、智能化)谈世界能源互联网构想	情怀	多媒体讲述、国家领导相关讲话

第二节 理工类专业课程案例

续表

序号	教学章节与课程思政融入点	"水文化+"育人元素	教学方法
	贯穿全课程教学		
9	CDIO项目：（第一、二、六章，2周实训） 与本课程实训打通，学生团队实做一个变压器、一台电动机的真实生产项目，课程内嵌入3个CDIO任务，为项目的前序内容	态度 团队合作	学生在完成项目中体验，真情实感地记录，团队集体总结汇报
10	态度考核： 对学生在学习过程中的态度进行细化考核与评价，包括课前预习和课后复习、作业（线上课程平台完成），考勤（课堂开课前完成）、实做项目（项目学生工作页按过程打分）	态度	日常考核评价形成平时成绩，每名学生50条以上记录，促进态度表现进步和习惯转变，从量变到质变

（2）"项目教学、体验教育"实施（隐性融入法）。本课程课内5个学时、课外10个学时，完成3个初步项目，项目与本科后的2周电机实训进行紧密衔接，成为一体化训练，形成统一成果（图3-18和图3-19），最后对全过程进行小组报告和团队汇报（图3-20和图3-21），采用工艺化的项目记录，有利于营造真实化场景培养严谨的职业态度。本项目的体验式教育，容易培养学生正确的道德情感，如团队合作、吃苦耐劳、坚持不懈、认真求实等。

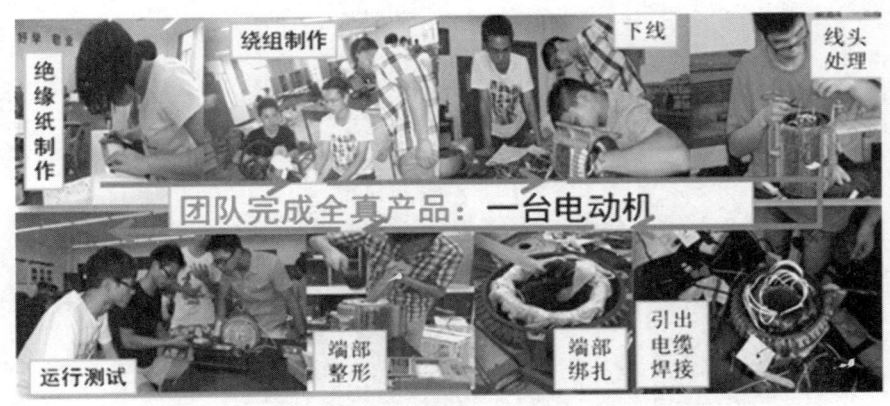

图3-18 电动机生产项目

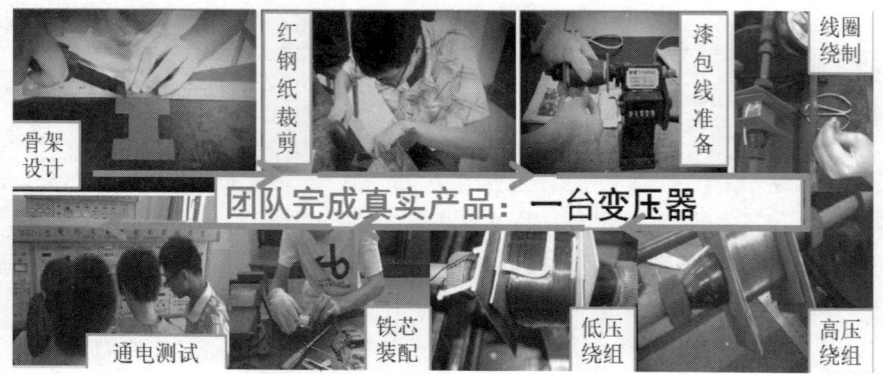

图 3-19　变压器生产项目

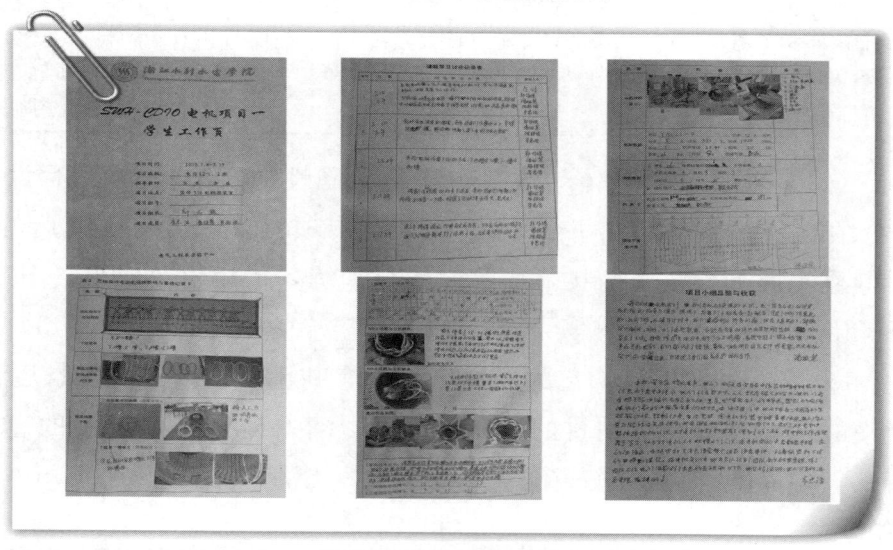

图 3-20　项目学生工作页（学生团队报告）

图 3-21　学生团队汇报现场

第二节 理工类专业课程案例

（3）"态度评价、养成教育"实施（隐性融入法）。平时成绩细化：本课程平时成绩强调过程性态度考核，包括考勤、前后排就座、课堂互动、作业四个方面（图3-22），并逐年动态优化，一般每名学生达50多次评分记录。同时，随着线上教学的采用，近年来在线部分的过程记录和评分比重日益增加，特别是本课程推行大量线上课堂内练习和课堂外作业（图3-23和图3-24）。实做项目考核，强调团队与个人的结合（图3-25）。

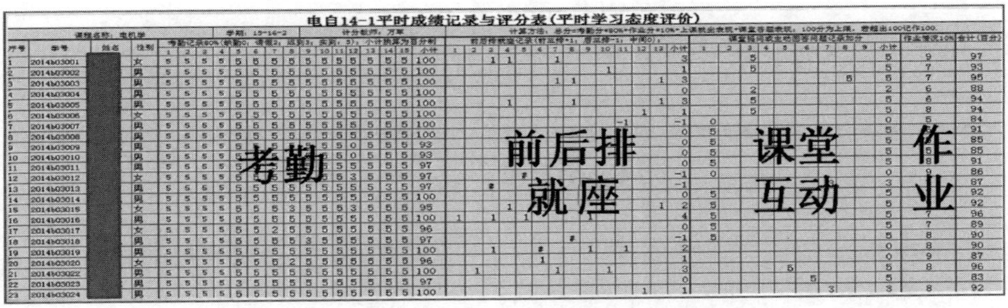

图3-22 课堂教学过程性评价记录截图

序号	学生姓名	学号/工号	课程视频（5%）	章节学习次数（5%）	作业（55%）	阅读（5%）	签到（25%）	课堂互动（5%）	综合成绩
1		2016b03002	4.0	5.0	47.48	0.54	25.0	5.0	87.02
2		2016b03077	2.0	4.1	24.27	0.26	5.0	0.0	35.63
3		2016b05027	0.0	5.0	35.25	0.24	25.0	0.0	65.49
4		2017b03032	0.0	5.0	28.96	0.0	21.25	5.0	60.21
5		2017b03048	0.0	5.0	32.94	0.0	23.75	5.0	66.69
6		2017b03063	4.0	5.0	39.62	3.31	25.0	5.0	81.93
7		2017b03066	0.0	5.0	36.37	0.0	23.75	5.0	70.12
8		2017b03068	2.0	5.0	43.64	1.01	22.5	5.0	79.15
9		2017b14051	0.0	5.0	27.4	0.32	3.75	5.0	41.47
10		2018b03001	2.0	5.0	31.51	0.93	25.0	5.0	69.44
11		2018b03002	4.0	5.0	45.16	0.33	23.75	5.0	83.24

图3-23 线上学习过程性评价记录截图1

2. 一节课的实施举例

（1）"电机学"一节课设计（取自2021年4月23日第一节课，面向电气自动化2019级），见表3-13。

第三章 课程思政实施案例

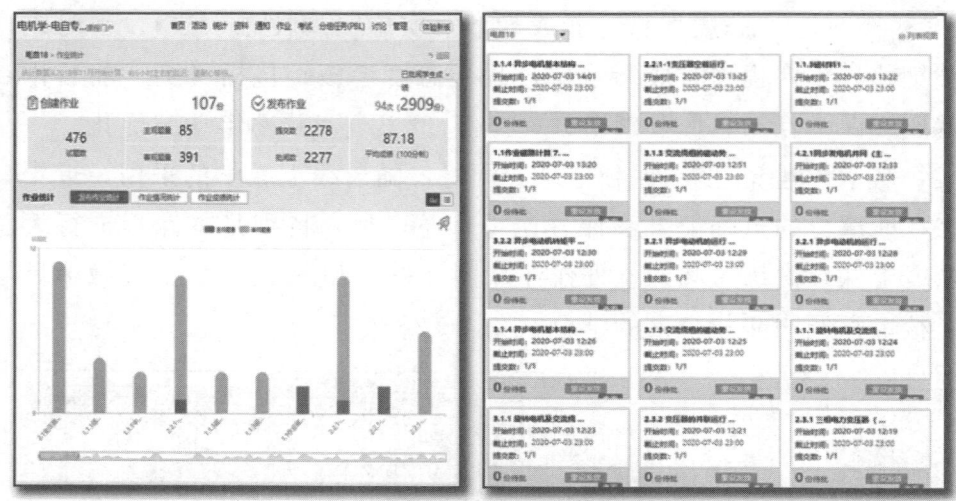

图 3-24 线上学习过程性评价记录截图 2

图 3-25 项目评价记录截图

表 3-13 "电机学"一节课设计表

时间	环节	内　　容	思政融入	备注
课前	分组	就座安排，扫码考勤		
2 分钟	说明及导入	(1) 新的篇章开始（交流电机基本知识与异步电机合一）（1 页） (2) 实验室上课原因 (3) 本次课程章节（2、3 页）		讲授
2 分钟	回顾及对接	0. 对接回顾绪论，电机（直流和交流） 1. 交流电机概述 1.1 交流电机的形成（4 页）	科学家不断探索推进理论体系和工业进步	讲授

第二节　理工类专业课程案例

续表

时间	环节	内　　容	思政融入	备注
6分钟	授新	1.2 中国电机工业的发展 （1）基础薄弱（5页） （2）双水内冷技术（6页）延伸（7页） （3）新时代成就（8页）	前辈专家为家国情怀和职业态度的值得缅怀和传承	讲授
3分钟	授新	1.3 交流电机的两种类型（9、10页）		提问
6分钟	授新	2. 电机的构造 2.1 简介（11～18页）		
6分钟	授新	2.2 异步电机的拆装（19页） （1）教师边做边讲（插讲一个故事）	体验教育：职业态度	演示操作
8分钟	授新	（2）学生实作，教师下去指导（19页）		学生操作
5分钟	回顾及总结	问题形式总结（20页）		提问
课间10分钟	授新	3. 视频播放（19页）	比较手工与现代化生产，体会科学技术的力量	

注　本次课在电机实验室上课。

（2）"电机学"一节课思政元素融入说明（取自2021年4月23日第一节课，面向电自2019级），见表3-14。

表3-14　"电机学"一节课课程思政融入设计表

序号	切入环节	思　政　点	备注
1	介绍交流电机发展史（PPT第4页）	学习交流电机科学发展史，引导学生感受无数科学家不断探索、推进现代工业文明进步的伟大精神	
2	介绍中国电机工业发展（PPT第6～8页）	1. 自然接入我国科技发明的伟大贡献（双水内冷技术），融入家国情怀培养。 2. 介绍发明提出人郑光华教授无私奉献的事迹，传承老一辈科技工作者优良品格和职业态度。 3. 展示大国重器实例，有效提升国家民族的荣誉感	

续表

序号	切入环节	思政点	备注
3	教师进行电机拆卸实做演示	拧螺栓的小故事,用曾经毕业生真实经历延伸感悟做人做事的道理:吃苦耐劳、认真求实的工作态度决定人生道路,用心总结善于思考是重要的成功品质	边做边讲一个小故事
4	学生电机拆卸实做操作	通过学生团队实做真实生产项目的经历,在"做"中获得真切感受,引导学生提升职业素养,并激发起正确的道德情感,是非常好的体验式教育	

(3)"电机学"一节课思政元素融入 PPT 截图(取自 2021 年 4 月 23 日第一节课,面向电自 2019 级),如图 3-26 和图 3-27 所示。

图 3-26 双水内冷技术发明

(4)"电机学"一节课场景实录截图(取自 2021 年 4 月 23 日第一节课,面向电自 2019 级),如图 3-28~图 3-31 所示。

(五)取得成效分析与体会

1. 学生感受

本次项目训练中,我们的态度开始有些随意,因为这加重了我们课余的工作量。但这也告诫我们在接下来的学习中,应该有一份认真勤勉的匠人精神,这样才有助于更好地学习。当然,在这次学

第二节 理工类专业课程案例

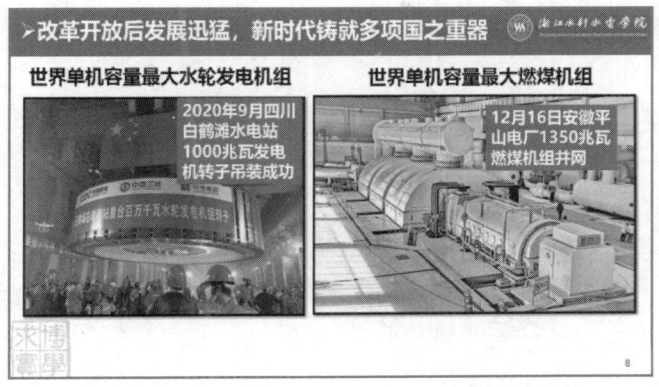

图 3-27 世界单机容量最大

图 3-28 讲授交流电机科学发展史

图 3-29 教师进行电机拆卸实做演示

图 3-30 学生电机拆卸实做操作

图 3-31 教师针对问题做指导

习中,我们最大的收获是学习到变压器和电机的制作,在整个过程中,我组成员不管是专业学习还是团队合作,都有了长足的进步(节选自 2015-2 班一个学生团队在汇报中最后的总结实录)。

图 3-32 为学生团队汇报 PPT 中最后的体会总结。

图3-32 学生团队汇报PPT截图

2. 教师体会

(1) 上一堂有温度的课,设计"红色教案",课堂上讲正向价值观的故事点亮学生心中的"光"。设计制作红色教案和授课PPT,将富有思政元素的案例故事融入教学内容,没有另外占用课时,在生动教学的同时,注重正确价值观的培养。以"显性设计、隐性施工"的思路深挖育人元素,在有助于知识理解和掌握的基础上自然融入,是有效的课程思政路径。

(2) 上一堂有体验的课,以CDIO工程训练项目达成"真环境+真项目+真做=真感受",体验式教育锻造软硬能力。课程中融入项目制教学,以团队任务形式开展工厂式全真工程训练,进行融入思政精神的体验式教育,注重工程中的职业素养和关键能力,学生通过亲历工程实际,可以从中获得真切感受,引导学生提升职业素养,并激发正确的道德情感。以"做"中体验式教育,能起到"润物无声、春风化雨"的育人效果。

(3) 上一堂有态度的课,细化过程性态度评价,构建行为品德养成教育平台。采用多维考核,注重促进优良行为习惯养成,推行"知识、技能、态度"三位一体考核,态度评价上强调细化和过程记录,强化守时守纪、自觉自律、职业态度等。养成式教育是实现

二、构建多元混合教学模式，促进学生全面发展——"工程力学"课程思政实践（理工类专业案例4）

（一）课程基本情况

课程名称：工程力学。

课程类型：专业基础课。

教师团队：建筑工程学院陈敏志、高健、杜文学、毛琼晶。

授课学分/学时：64学时（其中实验12学时）；4学分。

主要教材：《工程力学》，高健等，中国水利水电出版社。

依托在线平台与课程网站：

（1）浙江水利水电学院网络教学平台（超星），https://mooc1.chaoxing.com/course/214680178.html（2020-2021-1期）。

（2）浙江省精品课程"工程力学"，http://jpkc2.zjwchc.com。

（二）课程改革基础与背景思路

1. 基础与成果

（1）课程发展历程。

2003年，被评为浙江省首批省级精品课程。

2009年，被评为教育部水工教指委精品课程。

2012年，《工程力学》教学团队被评为校首批教学团队。

2016年，"工程力学"课程建设被评为校级"项目制课程""三位一体课程"。

2020年，"工程力学"课程建设被评为校级"课程思政"示范课程。

2021年，"工程力学"课程建设被评为省级"线上线下混合式"一流课程。

（2）工程力学团队教学成果。

2021年，省第一届高校教师教学创新大赛"课程思政"微课专项大赛二等奖。

2009年,"《工程力学》创新教学的探索与实践"获浙江省教学成果二等奖。

2015年,主编出版《工程力学》,国家高等教育"十二五"规划教材。

2017年,主编出版《工程力学》,应用型高等教育"十三五"规划教材。

2020年,"工程力学"获校级课程思政讲课比赛二等奖。

2021年,《工程力学》入选校级新形态教材建设项目。

2. 背景与思路

(1) 背景。我校属浙江省应用型建设试点示范院校,其办学定位是立足水利、服务浙江、面向全面培养适应区域经济社会和行业发展需要的高素质应用型人才。我校在2010年就开始探索增强课程育人功能,推行核心素养全程融入人才培养全过程。

"工程力学"是一门重要的专业基础课程,主要面向工程管理、工程造价、土木S等9个专业展开。2012年《工程力学》教学团队评为校级教学团队,基于提高课程教学实效的初衷,本课程团队从建立开始就一直坚持课程改革,也包括融入育人元素的改革。

在多年教学中,发现课程存在的主要教学问题为:① 内容多,学时数少;② 计算模型与实际工程存在较大的区别;③ 大班化教学,缺乏实时教学反馈;④ 学生的综合素养欠缺,创新能力不强。

很显然,传统的教学方式无法满足培养高素质应用型人才的需求。

(2) 思路。经过多年摸索,教学团队提出"以学生发展为中心"的多元混合式教学模式改革思路(项目制团队合作教学、线上线下混合教学、魔术教学、课程思政、"三位一体"考核),希望可以解决以上存在四个问题。

教学团队在对接课程思政实践过程中,重点思考以下两个问题:一是基于"水文化+"育人元素,如何对接学校育人特色和服务专业培养目标要求,提取本课程的课程思政育人元素;二是结合本课程教学设计,如何有侧重地践行学校"课程思政十法",发挥本课程独有的"螺丝钉"作用。

(三)课程思政设计

1. 课程目标

根据学校办学定位、育人特色("水文化+"育人元素)、专业培养目标和工程教育专业认证要求,结合本课程的知识体系,本课程培养目标如图3-33所示。其中,能力目标和素质目标属于育人目标,本课程育人目标主要强力支撑本校"水文化+"育人元素中的态度、诚信、情怀、团队合作和自主学习5个核心素养。

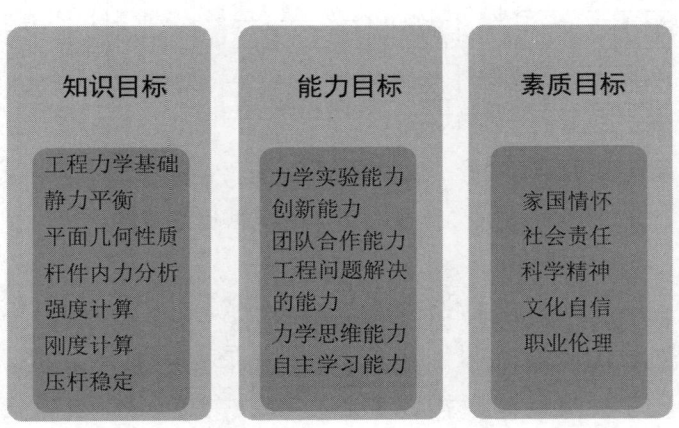

图 3-33 课程目标

2. 课程内容

课程采用自编的应用型高等教育"十三五"规划教材,拥有多个工程案例,划分为10个知识模块和10项技能模块。

本课程坚持把立德树人贯穿于教学全过程,思政整体设计如图3-34所示。

3. 课程思政方法

"工程力学"课程积极践行学校推行的"课程思政十法",主要

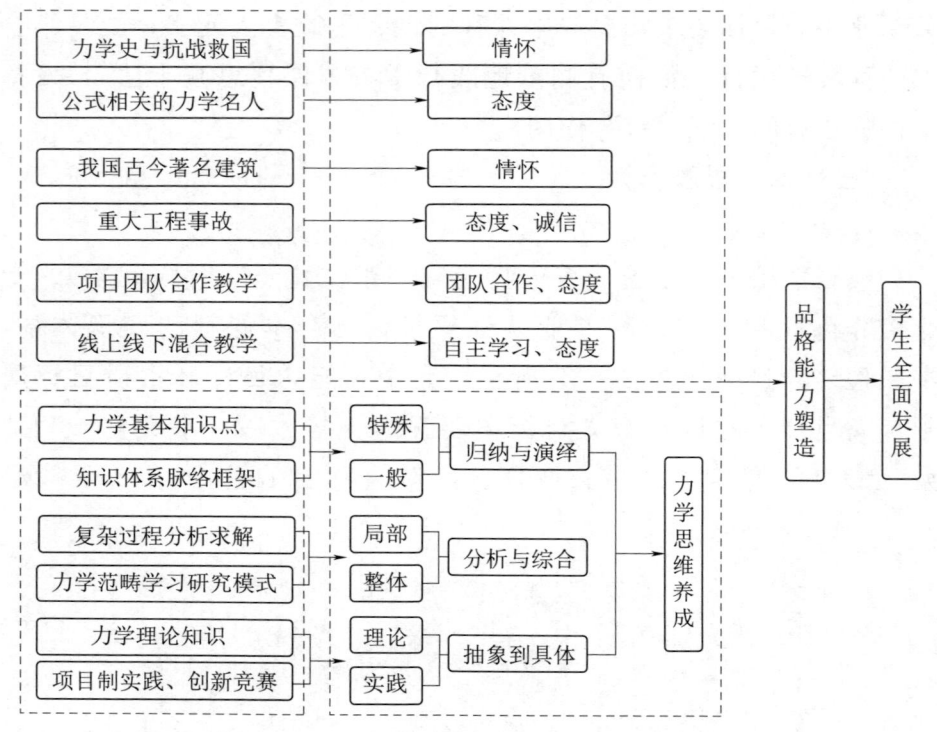

图 3-34 "工程力学"课程思政整体设计

运用了教学设计法、信息技术法、红色资源法、隐性融入法。

(1) 教学设计法。本课程统筹设计课程的育人目标、思政点、采用的教学方法与具体举措,并将其列入教学计划和课堂讲授的重要内容。

(2) 信息技术法。本课程积极探索线上课程思政实施方法和手段。开展线上形式多样的教学评价,贯穿于整个教学过程,既能充分调动学生自主学习,又有利于教师对学生进行更深入的了解,也能为教师以后的教学设计提供参考依据。

另外,本课程还选取了约 140 个拓展资料放在"超星学习通 App 平台",也含有多个红色资源,如应用案例 25 个、力学名人 9 个、创新实验 20 个等,供感兴趣的同学课下学习。

(3) 红色资源法。建立"红色资源库",精选了 16 个案例故事,

第二节 理工类专业课程案例

主要分成科技历史（3个）、力学名人（3个）、工程案例（6个）、创新应用（3个）、生活案例（1个）4个方面，试图将情怀、态度、诚信等育人元素融入课堂教学，见表3-15。

选取的案例不但具有知识传授和价值观传递的双重作用，而且一定要触动老师的内心，才能感染到学生。

表3-15　　"工程力学"课程思政案例库信息表

案例类型	案 例 内 容	对应知识点
科技历史	1. 抗战之前我国是没有力学专业的，很多爱国人士为了振兴祖国选择去国外学习，力学专业就是在如此艰难情况下发展起来的	绪论
	2. 北宋李诫对梁的研究故事，比国外研究要早	梁弯曲
	3. 宁波保国寺大殿的组合柱说明古人对临界力的研究，比达·芬奇要早约400年	临界力、惯性矩
工程案例	4. 绪论中概述古今著名建筑工程、重大工程事故	绪论
	5. 赵州桥为什么可以完整保存1400余年？	材料的力学性能
	6. 哈尔滨的太阳桥的受力分析	材料的力学性能
	7. 水西门大桥巧妙利用"压杆失稳"爆破案例	压杆稳定
	8. 加拿大魁北克大桥惨案（压杆失稳）	压杆稳定
	9. 阳台倒塌案例分析	梁弯曲
力学名人	10. 钱伟长为了救国，将自己擅长的历史专业转为短板物理专业	绪论
	11. 伽利略在软禁期间写了《两种科学对话》	梁弯曲
	12. 历史上最多产的科学家莱昂哈德·欧拉的故事	压杆稳定
创新应用	13. 三块板如何搭桥才能安全可靠？	惯性矩
	14. 瓷砖切割机是如何巧妙省力的？	力矩
	15. 应力集中是坏事吗？	应力集中
生活案例	16. 细长薄壁的稻秆是如何承受沉甸甸的稻穗的呢？袁隆平爷爷的水稻乘凉梦能实现吗？	组合变形

（4）隐性融入法。在课程中开展项目制团队合作教学。结合教学内容设计了7个工程力学项目任务，学生以团队形式课下完成，

课上翻转。学生在动手实践中,获得真切感受,容易激发内驱力、成就感和归属感,"做"中更有育人效果。

项目要设计得有真实性、趣味性、挑战性或合作性,让同学们课下乐于做项目,课上愉快地翻转。

4. 课程评价

本课程采用"三位一体"考核评价,加大"育人"所占考核比例,让课程考核成为有效的育人手段,如图3-35所示。平时成绩强调细化和过程记录,将学业过程评价打造为引导学生积极向上、努力改进的素质养成教育平台,以增强课程的育人功能。

考核环节		权重
态度考核(15%)	出勤	5%
	线下线上表现	5%
	线上预习复习PPT和视频	5%
知识考核(55%)	单元小测试	5%
	期末测试	50%
技能考核(30%)	项目式实验	7%
	项目式活动	8%
	线上随堂练习	5%
	线上作业	10%

图3-35 "三位一体"考核评价表截图

(四)课程思政具体实施

1. 一门课的实施

本课程采用个性化的教学路径,如图3-36所示,将项目、线上线下混合、课程思政、"三位一体"考核评价等融为一体进行多元混合式教学,此混合模式要求学生课下投入约20课时学习才能满足考核要求,学生的自主学习能力大大提高。

下面重点讲述在混合教学模式下课程思政的具体实施情况。

(1)"红色案例.融入教学"实施(红色资源法)。根据"红色案例库",将每一个案例具体融入教学设计并进行教学,见表3-16。

第二节　理工类专业课程案例

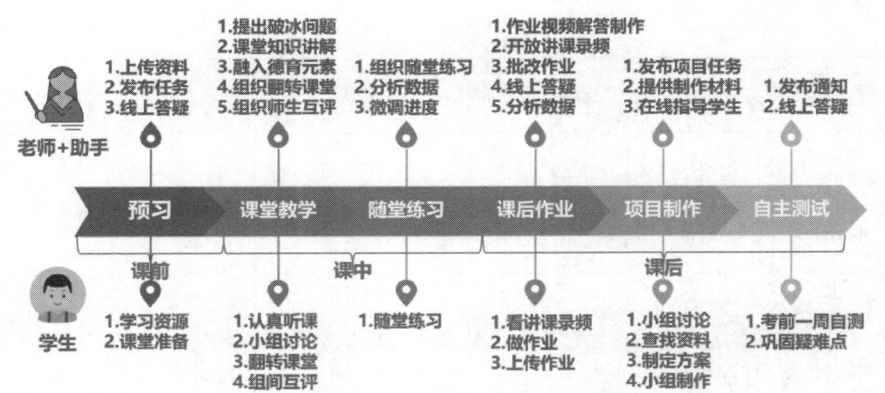

图 3-36　个性化的教学路径

表 3-16　红色案例融入教学汇总（2020/2021 学年实施）

序号	教学章节与课程思政融入点	"水文化+"育人元素	教学方法
1	第 1 章　绪论 （1）力学发展史中融入抗战时期爱国人士为救国选择去国外学习的故事。 （2）讲述钱伟长为了救国，将自己擅长的历史专业转为短板物理专业。 （3）绪论中概述古今著名建筑工程、重大工程事故	态度 情怀 诚信	讲故事法 工程案例分析法
2	第 2 章　工程静力学基础 讲力矩时，引导学生分析瓷砖切割机是如何巧妙省力的	态度	多媒体讲授 播放视频
3	第 5 章　平面图形的几何性质 （1）讲惯性矩时，让学生讨论三块板如何搭桥才能安全可靠，并引导学生做创新实验。 （2）讲惯性矩时，融入宁波保国寺组合柱案例	态度 情怀	模型试验 工程案例分析法
4	第 7 章　轴向拉伸和压缩的强度计算 （1）讲材料的力学性能时，融入赵州桥的受力分析。 （2）讲材料的力学性能时，融入哈尔滨太阳桥的受力分析。 （3）讲应力集中时，引导学生分析应力集中是不是坏事，并展示因应力集中破坏的案例和利用应力集中便利生活的案例	情怀 态度	工程案例分析法 多媒体讲授
5	第 9 章　弯曲梁 （1）讲梁的弯曲历史时，融入北宋李诫对梁的研究和伽利略在软禁期间《两种科学对话》的故事。 （2）讲梁的弯曲应力时，融入全国多起阳台倒塌案例	态度 情怀	工程案例分析法 讲故事法

续表

序号	教学章节与课程思政融入点	"水文化+"育人元素	教学方法
6	第10章 组合变形 讲偏心受压时,融入细长薄壁的稻秆受力分析,引导学生分析袁隆平爷爷的水稻乘凉梦在什么条件下才能实现	态度	多媒体讲授
7	第11章 压杆稳定 (1) 讲临界力定义时,融入历史上最多产的科学家莱昂哈德·欧拉的故事。 (2) 计算临界力时,融入宁波保国寺大殿柱子临界力分析计算。 (3) 讲压杆稳定时,融入加拿大魁北克大桥惨案,以及水西门大桥巧妙利用"压杆失稳"爆破案例	态度 情怀 诚信	工程案例分析法 讲故事法 多媒体讲授

(2) "项目教学.体验教育"实施(隐性融入法)。本课程包含7个项目任务(表3-17),需要课内8个学时、课外16个学时完成,除实验外,其他4个项目都是课下制作(学习通点对点指导),课上翻转,节省了课堂教学时间。

表3-17　　"工程力学"中项目任务实施

序号	项目典型任务	计划学时	实施方式	成果要求	组织要求
任务一	调研身边的结构工程案例	1(课内)+2(课外)=3	课外调研分析、课上翻转	PPT+团队汇报	以5~6人团队合作完成
任务二	制作平衡系统	1(课内)+3(课外)=4	课外制作项目、课上翻转	微视频上传学习通	
任务三	金属拉伸实验	1(课内)+1(课外)=2	课内集中指导、分组实验	实验报告	
任务四	金属扭转实验	1(课内)+1(课外)=2		实验报告	
任务五	弯曲电测实验	1(课内)+1(课外)=2		实验报告	
任务六	颈椎的受力分析	1(课内)+2(课外)=3	课外查资料和分析、课上翻转	PPT+团队汇报	
任务七	简支梁的模型设计、制作与加载	2(课内)+6(课外)=8	课外设计和制作模型、课上汇报加载	设计书桥梁模型	

第二节 理工类专业课程案例

(3)"线上线下混合教学．自学教育"(信息技术法)。线上开展形式多样的教学评价，线上线下表现占5%，预习复习占5%，单元小测试占5%，线上随堂练习占5%，线上作业占10%，项目(非实验)占8%，贯穿于整个教学过程，学生可以实时查看自己的平时成绩，可以激发学生自主学习的积极性。另外，本课程还选取了约140个拓展资料放在"超星学习通 App 平台"，供感兴趣的同学课下自主学习。

(4)"态度评价．养成教育"实施(隐性融入法)。平时成绩基本全部上网(除"3个实验报告"和"课上加分")，强调过程性态度考核，平时成绩包括出勤、线上随堂练习、线上作业、线上PBL、预习复习等，并逐年动态优化，再加上期中考试和期末考试，一般每名学生达50多次评分记录，如图3-37和图3-38所示。

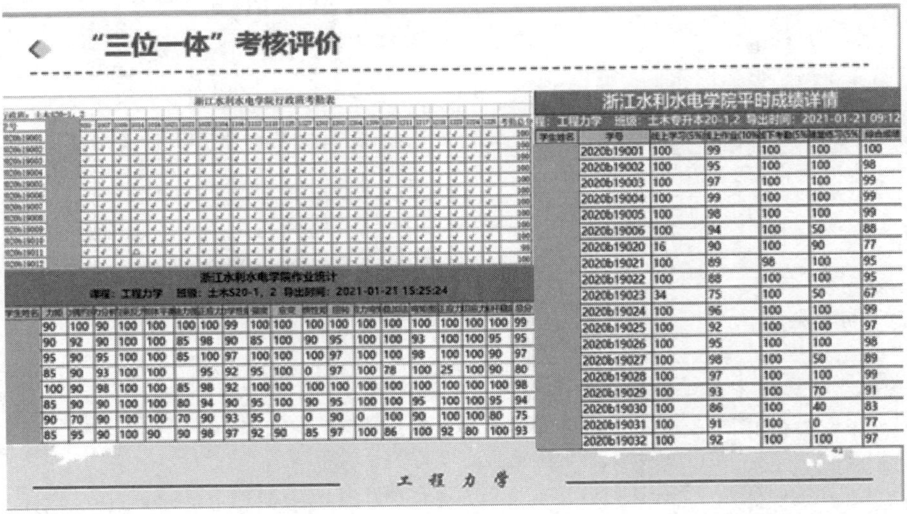

图3-37 平时成绩

2. 一节课的实施举例

下面以"绪论"为例来说明课程思政是如何实施的(表3-18)。"绪论"是调动学生主动学习"工程力学"的最佳时机，需要一些时间讲授课程思政内容，此刻思政之盐要浓一些(其

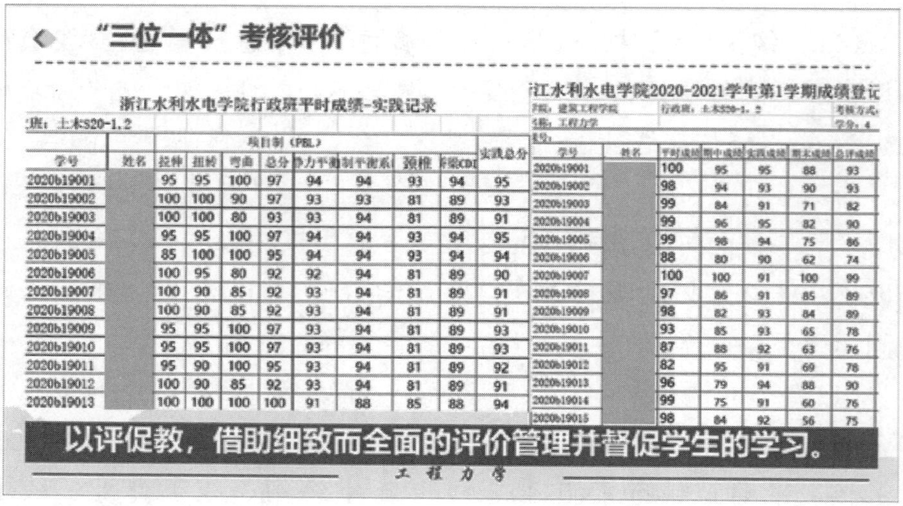

浙江水利水电学院行政班平时成绩-实践记录

班：土木S20-1.2

学号	姓名	项目制（PBL）								实践总分
		拉伸	扭转	弯曲	总分	静力平衡	制平衡系	顶推	桥梁CDI	
2020b19001		95	95	100	97	94	94	93	94	95
2020b19002		100	100	90	97	93	93	81	89	93
2020b19003		100	100	80	93	93	94	81	89	91
2020b19004		95	95	100	97	94	94	93	94	95
2020b19005		85	100	100	95	94	94	93	94	94
2020b19006		100	95	80	92	92	94	81	89	90
2020b19007		100	90	85	92	93	94	81	89	91
2020b19008		100	90	85	92	93	94	81	89	91
2020b19009		95	95	100	97	93	94	81	89	93
2020b19010		95	95	100	97	93	94	81	89	93
2020b19011		95	90	100	95	93	94	81	89	92
2020b19012		100	90	85	92	93	94	81	89	91
2020b19013		100	100	100	100	91	88	85	88	94

江水利水电学院2020-2021学年第1学期成绩登记

院：建筑工程学院　行政班：土木S20-1，2　考核方式：

称：工程力学　学分：4

号：

学号	姓名	平时成绩	期中成绩	实践成绩	期末成绩	总评成绩
2020b19001		100	95	95	88	93
2020b19002		98	94	93	90	93
2020b19003		99	84	91	71	82
2020b19004		99	96	95	82	90
2020b19005		99	98	94	75	86
2020b19006		88	80	90	62	74
2020b19007		100	100	91	100	99
2020b19008		97	86	91	85	89
2020b19009		98	82	93	84	89
2020b19010		93	85	93	65	78
2020b19011		87	88	92	63	76
2020b19012		82	95	91	69	78
2020b19013		96	79	94	88	90
2020b19014		99	75	91	60	76
2020b19015		98	84	92	56	75

图 3－38　项目制成绩（左）和最后总评成绩（右）

他时候反之），才能让学生发自内心觉得学习工程力学很重要。

表 3－18　　教学设计表样例

教学内容		第 1 章　绪论	设计者	陈敏志
面向专业		水文、造价、工管、土木 S 等 9 个专业	计划学时	2 课时
学习主要内容		工程力学研究对象和任务		
学情分析	一般特征	学生二本层次，综合素养欠缺及创新能力不强，害怕物理、力学学科。		
	初始能力	1. 学生的高数积分能力普遍一般，本课程需要良好的高数基础 2. 我校学生大多能吃苦耐劳，特别认真		
教学目标	素质目标	1. 喜欢学习工程力学，有主动探索生活中力学现象的动力 2. 为祖国的伟大工程感到自豪，激发职业动力 3. 严谨认真的职业态度，学好力学为祖国出一份力 4. 学会团队合作，与人沟通合作能力		
	知识目标	研究对象和任务、荷载、基本假定、杆件的基本变形形式		
	技能目标	学会讨论分析、调研和总结		
教学重点、难点		教学重点： 1. 激发学生民族自豪感、职业自豪感和社会责任感 2. 荷载的分类 3. 基本假设 教学难点：激发学生对工程力学学习的主动性		

第二节　理工类专业课程案例

续表

教学策略选择与设计	在这堂课中，我们采用了创设情境法，直观教学的方法，引导学生自学、讨论、交流。为学生营造一个生动、直观的学习环境，形成学生质疑问难，自主合作学习的局面
教学环境	☑ 智慧教室＋线上学习通

教　学　过　程

教学环节	教学内容	时间/分钟	教师活动	学生活动
课程基本信息介绍	1. 师生互相认识 2. 课程考核方案 3. 上课纪律和加分扣分规则	8	PPT 讲解	听课
力学课程体系简介	1. 体系——理论力学、材料力学、结构力学、弹塑性力学 2. 工程力学的理论定义	5	PPT 讲解	听课
什么是工程力学？	1. 介绍工程力学学科分类 2. 新中国力学学科发展与中华复兴故事 3. 讲述钱学森、钱伟长等力学科学家故事 4. 展示展示古今著名工程案例图片和视频	12	先讲解我国力学的发展是因为抗日战争时期要救国才发展起来的，激发同学们的爱国情怀。然后让学生讨论土木工程的发展史，让学生代表主动自愿发言。最后展示古今著名工程案例图片和视频，并引导学生为祖国取得的成绩而自豪	听课 看视频 小组讨论 代表发言
为什么要学？	1. 我国被外国欺负、卡脖子技术 2. 后续专业课 3. 考研需求 4. 工程失效	12	先讲解我国面临卡脖子技术困境；然后讲解后续课程需要好好学工程力学；告诉同学们工科考研一般是考力学；然后给学生看倒塌的悲惨案例、失去亲人的痛苦照片，再看一个工程倒塌的视频，最后让学生讨论哪些原因可能导致工程倒塌	听课 看视频 小组讨论 主动发言
学什么？	1. 课程目标 2. 研究对象 3. 主要任务 4. 基本假设 5. 杆件基本变形形式	35	1. PPT 讲解 2. 讲到"基本变形形式"时，请同学们主动上台给大家用五种变形形式破坏粉笔	听课 上台演示

续表

教学环节	教学内容	时间/分钟	教师活动	学生活动
总结	第1章 绪论	8	随堂测试，然后PPT总结	听课 学习通答题
课后作业	项目一：寻找身边的工程结构案例 建议汇报内容如下： 1. 展示团队信息（含小组合照pose、口号、logo、队名等） 2. 身边的静力平衡结构展示 3. 画出其中一种结构的力学模型，并进行受力分析 4. 调研感悟 要求： 1. 制作成PPT 2. 实地考察照片或视频内须有小组成员 3. 汇报之前上交到学习通项目PBL中 4. 每个小组演讲时间为3分钟之内，演讲时师生在学习通互评			
教学反思	绪论很重要，需要老师以极大的热情和感染力讲课，使学生发生共振，发挥"首映效应"，让学生开始喜欢这门课。本节课教学目标明确，教学内容设计丰富，基本能达到课程设计目标的要求。不足之处在于，两个班级学生太多，分成小组讨论时，老师无法都照顾到			
本次课课堂剪影	 PPT截图  讲钱伟长为救国转专业的故事		 给同学们看倒塌视频  学生粉笔演示五种破坏形式	

(五) 取得成效分析与体会

1. 学生外化和表达

教师也可以设计情景,让学生自己有所感触,汇报时自己得出含有德育元素的结论,这比老师直接讲解德育元素效果要好得多,如图3-39～图3-41所示。

在第一堂课的时候,老师给我们讲关于钱伟长的故事,当初钱伟长以理科极差,文科满分的成绩进入清华大学历史系,当国难来临,他毅然放弃历史系转读物理系,立志以振兴中国的军力,最终成为中国近代力学的奠基人,他说:我没有专业,祖国的需要就是我的专业。这句话深深震撼到了我的灵魂,我不禁思考,我们是为什么而读书。从小我们就听过一句话:为中华之崛起而读书,但有多少人真正感受到这句话的分量,身处和平年代的我们并没有经历过国家危亡,民族受难的时刻。这第一堂课,就使我醍醐灌顶,让我深刻明白到,我们是为了我们祖国的事业而读书,作为新时代青年的我们,有责任,也有义务承担起中华民族伟大复兴的重任,当国家需要的时候,就是我们奔赴的时刻。

图3-39 学生省级"课程思政"征文截取片段

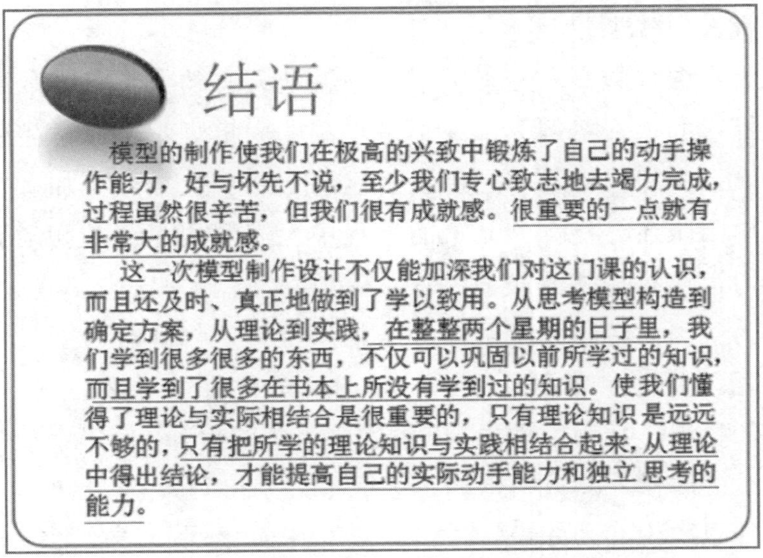

结语

模型的制作使我们在极高的兴致中锻炼了自己的动手操作能力,好与坏先不说,至少我们专心致志地去竭力完成,过程虽然很辛苦,但我们很有成就感。很重要的一点就有非常大的成就感。

这一次模型制作设计不仅能加深我们对这门课的认识,而且还及时、真正地做到了学以致用。从思考模型构造到确定方案,从理论到实践,在整整两个星期的日子里,我们学到了很多很多的东西,不仅可以巩固以前所学过的知识,而且学到了很多在书本上所没有学到过的知识。使我们懂得了理论与实际相结合是很重要的,只有理论知识是远远不够的,只有把所学的理论知识与实践相结合起来,从理论中得出结论,才能提高自己的实际动手能力和独立思考的能力。

图3-40 学生做完项目后的感悟截图(态度)

第三章 课程思政实施案例

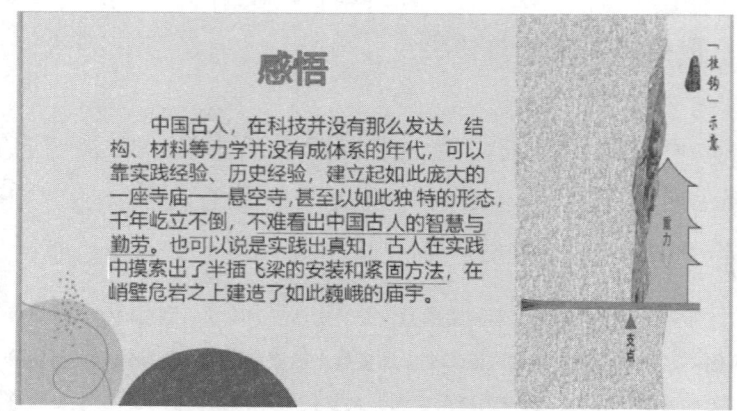

图 3-41 学生调研感悟截图（情怀）

2. 教师体会

本教学团队教师认为学生拥有独立而健全的人格比学知识点要重要得多。最初讲课程思政内容的初衷，是为了激发学生学工程力学内驱力、促进学生人格更完善、让学生在这个世界上能够活得更有意义一些。但是要达成这些目标是一件比较困难的事情，首先需要教师有成熟的三观和独立健全的人格，还要懂一些心理知识，还需要老师和学生之间建立一种感情纽带，学生愿意听老师的，这才能起到育人的效果。

因为本课程的育人元素基本都是触动人心的力学名人故事或者是让人惊叹的工程案例等，并不是空洞的大道理，所以学生还比较爱听，而且实施课程思政之后，明显感觉到学生学习更加有主动性了。教学团队在寻找育人元素的过程中也表示内心会被触动到，比如我国力学学科居然是抗日战争之后国家为了翻身才发展起来的；钱伟长为救国而转到只考了 5 分的物理专业；伽利略为了科学真理坐牢至死，但是在牢中还写了著名的《两种科学对话》；赵州桥只用简单的材料，巧用力学原理就能屹立 1400 多年不倒等，教师在讲这些故事的时候，其人格修养也会无形之中得到升华。

课程思政说起来好说，做得好真难。希望课程思政能在高校课堂发展壮大，更好地把学生培养成为祖国建设的有用之人。

三、开展"线上下、室内外、课前后"多维一体育人——"数字测图原理与方法"课程思政实践(理工类专业案例5)

(一)课程基本情况

课程名称:数字测图原理与方法。

课程类型:专业必修课。

教师团队:测绘与市政工程学院黄伟朵、赵红、李爱霞。

授课学分/学时:96学时(其中实验42学时);6学分。

主要教材:《数字地形图测绘原理与方法》,徐文兵等,中国原子能出版社。

依托在线平台与课程网站:浙江省高等教育在线开放课程共享平台,http://www.zjooc.cn/。

(二)课程改革基础与背景思路

1. 基础与成果

本课程是测绘工程专业的核心课程,经过多年的建设,已被认定为浙江省一流课程和省在线开放课程,拥有丰富的课程资源库,构建了理论+实践+竞赛的课程体系。课程包含96学时课堂教学和3周综合实训,同时开展测绘技能竞赛,将育人元素融入教学全过程。取得成果如下:

(1)在赵红老师主持下,本课程于2016年立项为浙江省第一批在线开放课程,并于2018年通过认定。

(2)课程网站获得了水利行业的数字教学资源大赛二等奖。

(3)本课程在2019年浙江省"互联网+教学"优秀案例评比中获"二等奖"。

(4)2020年被认定为首批浙江省一流课程。

(5)2021年立项为校级课程思政示范课程建设项目。

(6)学生通过课程学习参加2016年、2018年、2021年全国高校大学生测绘技能竞赛，获得了水准测量、导线测量、数字测图、测绘程序设计等项目的特等奖4项、一等奖4项、二等奖3项等荣誉。

（7）主讲老师获得荣誉：赵红老师曾被评为水利职教名师；黄伟朵老师获校首届"我最喜爱的教师"称号，2020年获校首届优秀教学特等奖，2021年获校"第一届教师教学创新大赛"副高组一等奖，指导学生参加全国大学生测绘技能大赛获特等奖2项、一等奖3项、二等奖1项。

2. 背景与思路

原课程负责人赵红老师面临退休，课程传承给黄伟朵老师，近5年来共面向5届学生，其中测绘2016级、2019级由赵红老师授课，2017级、2018级、2020级由黄伟朵老师授课。

在我校对课程思政建设的大力支持和推进下，课程教学团队成员多次参加线上线下课程思政专题研讨会和专家讲座，并集中学习了《高等学校课程思政建设指导纲要》《浙江省高校课程思政建设实施方案》《校级课程思政实施方案》等指导性文件；定期开展课程思政教研活动，共同挖掘与课程相关的思政元素，建立了课程思政案例库。

总体思路：依托教师的用心教学，推行基于隐性思政改革课堂教学方法，将"项目制"教学、翻转课堂落实到位，"三位一体"课程考核做实做细；辅以红色资源法，即建好用好课程思政案例库，在授课过程中将本课程知识点涉及的行业发展历程、前沿热点和行业著名人物事迹等育人元素无痕地融入课堂教学中；结合信息技术法，运用互联网＋教学开展线上思政；在授课过程中注重言传、身教，注重价值引领与知识传授、能力培养相结合，取得良好的教学效果。

（三）课程思政设计

该课程课程思政的总体目标是培养学生的职业核心素养与爱国情怀，主要通过以下几个方面来达成：

（1）挖掘与本课程知识点相关的行业发展历程、重大事件和标志性成果、前沿热点和行业著名人物事迹，建立课程思政案例库，同时将这些案例放到线上，或者编写进新形态教材（形成二维码），方便学生在线学习。

（2）课内外一体开展"项目制"教学，培养学生严谨细致、吃苦耐劳、团结协作的职业核心素养；课程部分内容采用翻转课堂形式教学。

（3）课程采用"知识、技能、态度"三位一体考核方式，注重学生态度、合作能力等方面的过程考核，引导学生积极向上、努力改进的素质养成。

（四）课程思政具体实施

1. 一门课的实施

（1）建立丰富的课程思政案例库。建立丰富的课程思政案例库，并在教学过程中将课程知识点涉及的行业发展历程、重大事件和标志性成果、前沿热点和行业著名人物事迹等案例无痕地融入理论教学中，激发学生专业、民族自信，提高社会责任感，培育爱国情怀。案例库见表3-19。

表3-19　"数字测图原理与方法"课程思政案例库

序号	思政元素切入点	育人案例	育人元素		
1	绪论（测绘的发展史）	列举多项创世界纪录的古代地图，总结出古代历史地图创造的辉煌成就	增强民族自信	民族自信心	情怀
2	绪论（测绘的发展史）、GNSS测量	"天问一号"探测器发射升空、贵州的"天眼"	增强民族自信		
3	数字化测图	2019年70周年国庆阅兵中测绘界标志性成果"测绘神车"	激发专业自信心、增强民族自信		
4	绪论（测绘的发展）	测绘是什么——从测天绘地讲起，一直延伸到工程测量在海陆空领域的广泛应用和发展前景，引导学生了解测绘新技术	激发学生的专业自豪感和专业自信		

续表

序号	思政元素切入点	育人案例	育人元素		
5	水准测量	南水北调工程（东线、中线、西线），中线长度1300km，落差接近200m，线路设计精妙，工程难度大，但也基本落成；西线还在方案规划设计比对中	体现社会主义制度的优越性、激发学生的专业自信心、培育爱国情怀	爱国情怀	情怀
6	GNSS测量	西气东输			
7	控制测量	进藏铁路［青藏铁路（已建）、滇藏铁路（在建）、川藏铁路（在建）、尼泊尔至拉萨（在建）］对比美国的得克萨斯至华盛顿的铁路论证40年没建成			
8	水准测量、竖直角测量与北斗导航系统	珠峰测量历史；2020珠峰测高事件（其中采用了很多自主研发的科技产品）	培养吃苦耐劳、团结协作精神；鼓励创新、勇于直面挑战	团结合作能力	团队合作
9	控制测量	自然资源部第一大地测量队（以下简称"国测一大队"）英雄事迹	培养学生敬业奉献精神		态度
10	不同章节	在线开放平台展示测绘界的29位院士信息，重点介绍如宁津生、李德仁、李建成、龚健雅、刘经楠等院士	弘扬担当精神，奉献精神，追求卓越的工匠精神	职业核心素养	
11	误差理论（测量精度）	"透视"长江的郭志金工程师为了能测出精准的数据，多少个不眠之夜，多少次推倒重来	培养工匠精神，敬业精神		
12	北斗导航系统	北斗导航系统的视频短片"习近平：中华民族是勇于追梦的民族"	弘扬中国北斗精神、勇攀科技高峰、激发民族自豪感		
13	大比例尺地形图测绘	传统的测绘方法与现代数字测图方法的辩证比较分析	启发与建立学生的辩证思维，系统思维，创新思维等		
14	测量精度	某大桥因测量误差未能准确对接（反面案例）	培养科学精神，提高社会责任感	社会责任感	
15	测量精度、控制测量	广州某地铁工程做控制时产生过大的测量误差导致盾构机在地下无法驶出（即地铁隧道无法贯通，盾构机又常埋地下，造成重大经济损失）	培养科学精神，提高社会责任感		

(2) 精心做好课程思政教学设计。在厘清课程思政元素的基础上,从思政育人目标、思政切入点、思政元素、育人方法和载体等方面进行教学设计,将育人元素无痕地融入教学过程中(详见一节课的实施举例——竖直角测量)。

(3) 通过项目体验式教学培养学生团队合作、吃苦耐劳的职业核心素养。根据测量工作必须团队协作的特点,在课堂实习和综合实训中均安排4人一小组,使得每个人在小组里都是不可或缺的;精心设计实习内容,比如:进行水准测量项目时设计4个测站的闭合水准路线,进行角度测量项目时设计测四边形的4个内角,每人测1站,最后加起来与标准值进行比较,其中只要一个人出错就会直接影响整组的成果。这样的设计能更好地培养学生的团队合作能力。

把综合实训安排在酷热的夏天,磨炼同学们的意志,培养吃苦耐劳的职业素养(图3-42)。

(a) 雨中坚持水准测量实习　　(b) 课程负责人在指导学生实训

图3-42　艰苦环境下进行体验式教学

(4) 强化态度评价,引导学生积极向上、努力改进的素质养成。课程考核评价采用"知识、技能、态度"三位一体的考核方式,制定出较为精细的考核指标(图3-43和图3-44)。严格按指标评价每一个项目并及时将结果反馈给学生，对理论课而言进一步督促学生学习，对分组的实训项目而言，形成你追我赶的竞争氛围，提升教学效果。

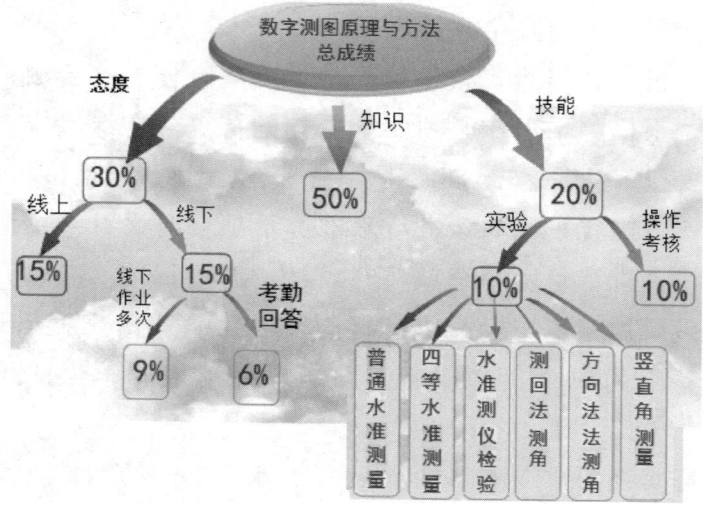

图 3-43　理论课——考核项目明细

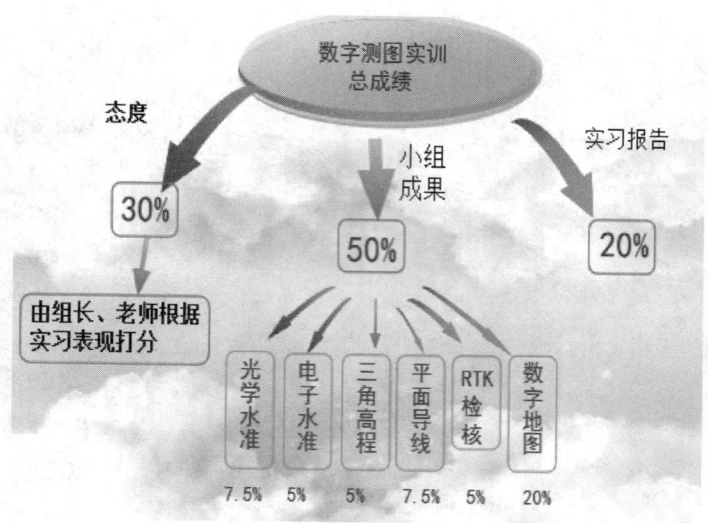

图 3-44　实训课——考核项目明细

通过对无故旷课、上课玩手机等违纪行为实行惩罚性扣分制度，对实验成绩不满意的小组给予重做的机会，继而更新实验成绩，引导学生积极向上、努力改进的素质养成。

2. 一节课的实施举例——竖直角测量

（1）教学设计。"竖直角测量"的教学采用基于翻转课堂的线上线下混合教学法，弱化老师的"讲"，注重老师的"导"，突出学生为主体的课前"学习"，培养学生的自主学习能力；课前准备以小组为单位，注重培养学生的团队意识；重视课堂的"交流"，引入"珠峰测高"热点事件以及对发生在身边的事件，学生"要分现象"进行讨论，在交流过程中润物细无声地融入思政元素，培养学生的职业核心素养。

（2）教学策略。简单地说就是让学生"忙"起来，借助"三位一体"考核方式，将过程评价打造为引导学生积极向上、努力改进的素质养成教育平台。具体措施举例如下：

1）为激发学生的学习积极性，网上自测题设置有两次机会，可以对比分析课前学生自主学习与课堂交流之后的成绩变化。

2）实验项目成果不合格，要求另找时间重做；对自己的实验成绩不满意的，也给予重做的机会，随后更新实验成绩。

（3）教学的具体实施。"竖直角测量"教学具体实施分课前、课中、课后三个环节。

1）课前。教师下发任务清单，清单见表 3-20。

表 3-20　　　　　　任 务 清 单 案 例

项目	内　　容	备　　注
课程名称	数字测图原理与方法	
任务名称	竖直角测量	整个环节包括： 1 节课堂教学、3 节实验课
教学目标	知识能力目标：掌握竖直角测量的原理，能够使用全站仪测量竖直角，能够进行成果记录与计算，明确竖直角测量的目的及生产中的具体用途。 素质目标：使学生具有吃苦耐劳、团结协作、诚实守信和沟通能力强的职业素养	课堂教学中在成果记录环节会再次强调记录规范，要求确保记录数据的原始性、真实性，培养诚实守信的职业素养

续表

项目	内 容	备 注
课前学习资料	1.《数字地形图测绘》教材 5.3 内容 2. http：//www.zjooc.cn/浙江省高等学校在线开放课程共享平台，"数字测图原理与方法" 3. 数字测图实习指导书	
课前学习内容	1. 认真学习平台上"竖直角测量"视频、观看测珠峰高程视频 2. 做对应的自测题 3. 小组讨论制作 PPT 汇报	提示：避免对书本内容的复制粘贴，抓住要点，重点突出与已经学过的水准测量、水平角测量之间的联系与区别

学生根据任务清单以小组为单位完成相应任务，组员之间发挥各成员的特长，提出观点、收集资料、制作 PPT，变被动学习为主动学习，提高分析问题的能力，同时培养团队协作能力。

2）课中。

①观看了测珠峰高程视频，请大家先谈谈各自的感想，其次回答测量珠峰高程具体采用了哪些测量手段（约 6 分钟）？

②教师点评（突出思政元素），同时对线上学习内容进行小结，利于学生对汇报小组准确度的评价（约 5 分钟）。

③抽 2 个小组上台汇报，每个小组汇报 6～8 分钟。

④对上述 2 个小组的汇报进行评价（学生也参与评价），评价内容包括 PPT 制作质量、汇报者表达能力、汇报内容的准确度、整个小组的综合实力等（约 6 分钟）。

⑤教师再次强调测量观测数据记录的规范要求（强化他们的规范意识），并报竖直角观测数据，让每个同学记录、计算，并当场回收（约 5 分钟）。

⑥课堂讨论、答疑（约 5 分钟）。

带测量实习时，因为某个控制点点号不清楚，让其中一个同学帮忙把点号标清晰，事后该同学要求在课程的平时成绩里加分，同学们怎么看待这个问题？请说出自己的观点。（注：若课堂时间不

够就课后以书面形式表达)

⑦留课后作业(时间不够就线上发布)。

a. 自己动手制作简易目标。

b. 布设竖直角测量的实习场地(包括位置图形设计、所用仪器设备选择等),以达到能检验竖直角测量成果有效性为标准。

c. 完成实习报告中的预做习题。

3) 课后。

①学生可以再次完善平台上的自测题,不懂的地方在线留言;完成实习报告中的预做习题。

②动手制作简易照准目标。(提高学生的动手能力并激发他们的创新思维)

③结合竖直角的作用与应用,布设竖直角测量的实习场地。(思考:水准测量与角度测量的异同点,前者可以独立存在,后者无论是水平角还是竖直角都必须与其他测量要素配套使用,那么配套要素有哪些?)

④利用仪器操作模拟器进行部分实习内容的预操作,提高实习效率。

课后老师对每一份记录计算表进行批注、评分,于竖直角测量实习之前及时发放到同学手中,减少实习过程中的不规范行为,同时提高实习效率。

通过课堂上学生的汇报、交流情况以及对没有上台汇报小组制作的 PPT 进行关注,对有问题的同学进行个性化指导,让学生感觉到老师一直在他们身边,也让学生体会到老师的付出,从而潜移默化地影响学生的行为态度。

最后对教学过程进行反思,不足之处在下次课中进行改进。

(4) 教学实施流程的真实场景如图 3-45 所示。

(五) 取得成效分析与体会

1. 教学效果得到学生认可

以下是杨建、潘训诚、邹濯臣同学的测量实习报告截图

(a) 步骤一 学生课前在线学习

(b) 步骤二 学生进行在线测试

(c) 步骤三 小组讨论制作PPT

(d) 步骤四 小组汇报

(e) 步骤五 老师点评、总结

(f) 步骤六 老师组织讨论、课堂答疑

图3-45 "竖直角测量"教学实施流程图

（图3-46），可以看出课程在培养学生团结协作，客观、严谨、细致的测量习惯等方面效果良好。

2. 教学成效在学生身上得以显现

通过课程思政教学，学生的团队协作能力、专业技能有了很大

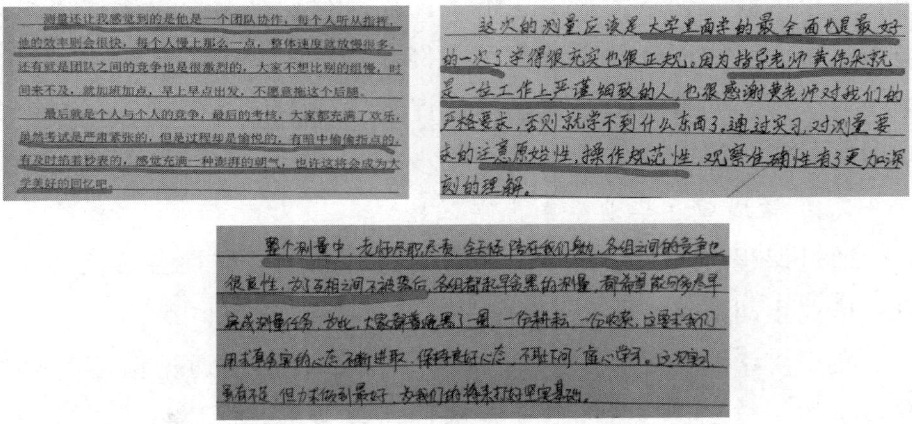

测量还让我感觉到的是他是一个团队协作，每个人听从指挥，他的效率则会很快，每个人慢上那么一点，整体速度就放慢很多，还有就是团队之间的竞争也是很激烈的，大家不想比别的组慢，时间来不及，就加班加点，早上早点出发，不愿意拖这个后腿。

最后就是个人与个人的竞争，最后的考核，大家都充满了欢乐，虽然考试是严肃紧张的，但是过程却是愉悦的，有暗中偷偷指点的，有及时拍着秒表的，感觉充满一种澎湃的朝气，也许这将会成为大学美好的回忆吧。

这次的测量应该是大学里面学的最全面也是最好的一次了，学得很充实也很正规。因为指导老师黄伟朵就是一位工作上严谨细致的人，也很感谢黄老师对我们的严格要求，否则就学不到什么东西了。通过实习，对测量要求的注意原始性，操作规范性，观察准确性有了更加深刻的理解。

整个测量中，老师尽职尽责，全天候陪在我们身边，各组之间的竞争也很激烈，为了互相之间不被落后，各组都起早贪黑的测量，都希望能够尽早完成测量任务，为此，大家都晒黑了一圈，一份耕耘，一份收获，这要求我们用求真务实的心态不断进取，保持良好心态，不耻下问，虚心学习。这次实习虽有不足，但力求做到最好，为我们的将来打好坚实基础。

图 3－46　学生测量实习报告截图

提升，体现在全国测绘技能大赛“二等水准测量”“虚拟仿真测图”等项目获得了特等奖、一等奖等好成绩（图 3－47）。

荣誉证书

浙江水利水电学院 代表队：

在“天宇杯”第五届全国高校大学生测绘技能大赛中成绩优异，荣获：

二等水准测量　特等奖

参赛选手：刘洋　张伊甸　方锐　朱容良　指导老师：黄伟朵

特发此证，以资鼓励！

二零一八年七月

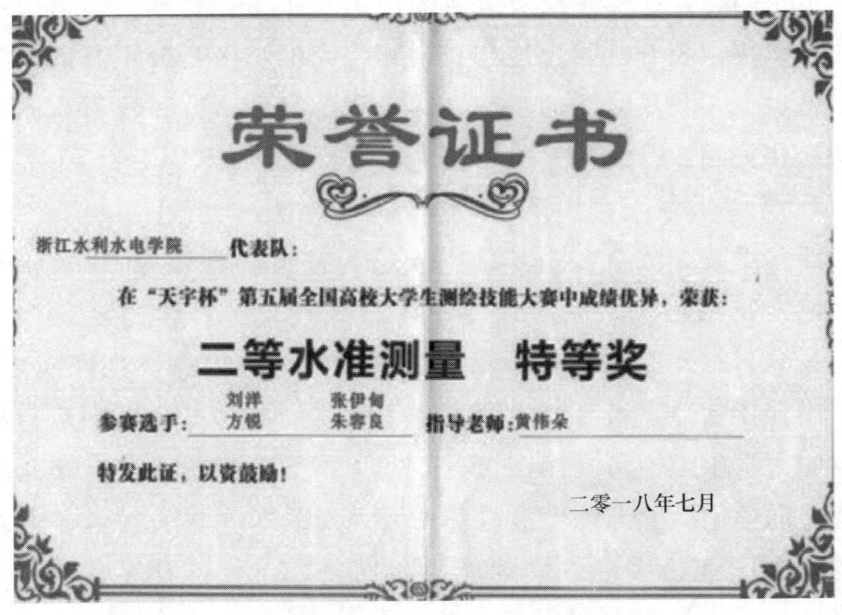

图 3－47　学生所获奖项之一

3. 教学效果得到校内外同行的好评

通过课程思政建设，进一步促进课程教学改革，提升教学能力,在校内教学创新大赛中凭借本课程获得副高组一等奖;课程获得浙江省"互联网＋教学"优秀案例二等奖,并被认定为浙江省首批一流课程;同事表示由该老师授课的学生测量基础扎实,带综合实训时有明显体会。

4. 教学成效在毕业生身上得以显现

通过课程思政教学,增强了学生的专业自信与社会责任感,可以从毕业生胡丽华在中央电视台的采访谈话中得以体现。

我很庆幸自己在大学里学的是测绘专业,并遇见诸多良师益友,学的一技之长,我的专业老师们还教会了我严谨认真的职业精神。毕业后就业又创业,即使后来创业失败了,也还能捡回老本行,我在平凡的岗位也能干的激情满满,在我的第二故乡从事测绘工作,仿佛自己就是工程规划师,在室内画着蓝图,室外走山访水,也正因为是这样,我对故乡的山山水水了如指掌。武夷山现在正建设得越来越好,我想这和我们测绘人的功劳是分不开的。我时常倍感自豪,我热爱我的工作,热爱我的家乡,这和我喜欢的职业是密切相关的。

5. 教师体会

课程思政方法众多,其中本人最为推崇"隐性融入法"。若能很好地推行项目制、翻转课堂、体验式教育等教学方法,将"知识、技能、态度"三位一体课程考核做细做实,那么"课程思政"就不用挂在嘴边,最终也能很好地落地。比如2021年暑假进行的全国首届大学生虚拟仿真测图比赛,作为指导教师的我,自知光靠嘴上督促同学们抓紧训练会显得苍白无力,最好的办法就是学生发给你的练习图无论多晚,你都能及时回复、点评,有时甚至凌晨1点多还给学生回复邮件,通过这种行为无声地告诉同学们老师非常重视这个比赛,那么学生自然而然地会跟着你的节奏训练,果然功夫不负有心人,三支队伍参赛获得1个特等奖、2个一等奖的好成绩。

第三节　经管人文类专业课程案例

经管人文类专业课程与时代背景、历史发展、时事政治、经济政策、国际形势、传统文化等内容结合紧密；相对其他课程，更容易结合社会热点问题，课程思政元素挖掘空间更大。《高等学校课程思政建设指导纲要》指出：文科课程要结合专业知识教育引导学生深刻理解社会主义核心价值观，自觉弘扬中华优秀传统文化、革命文化、社会主义先进文化。经管类课程要引导学生深入社会实践、关注现实问题，培育学生经世济民、诚信服务、德法兼修的职业素养。以此为目标，经管人文类专业课程结合"课程思政共识"和"课程思政十法"的探索与实践，在学校课程思政方面取得了实效、形成了育人特色。

一、知识传授与价值引领有机融合的"1+4"课程教学——"中小企业管理"课程思政实践（经管人文类专业案例6）

（一）课程基本情况

课程名称：中小企业管理。

课程类型：专业必修课。

教师团队：经济与管理学院王惠利、万坤扬、王伟珍、张树发、姜英华。

授课学分/学时：48学时；3学分。

主要教材：《中小企业管理（第三版）》，林汉川等，高等教育出版社。

依托在线平台与课程网站：浙江省高等学校在线开放课程共享平台，https://www.zjooc.cn/ucenter/teacher/course/build/mooc。

（二）课程改革基础与背景思路

1. 基础与成果

（1）2016年主持基于"学习消费时代"GAPS理念在"中小企业管理"的课堂教学改革与探索的校级教改课题，于2018年结题。

（2）2017年入选学校"基于核心素养实施课程"，2018年入选校"十三五"第一批示范核心课程建设。

（3）2021年立项浙江省一流课程。

（4）2021年立项浙江省首批课程思政示范课程建设项目。

（5）以践促学、以赛促学，多次带领学生赴中小企业实地调研，获省级A类学科竞赛3项、创新创业类项目4项，分别为省经济管理案例竞赛三等奖2次（2019年、2020年），一等奖1次（2020年）；国创项目1项（2020年），省创项目1项（2020年），校创项目1项（2019年），省新苗1项（2018年）。

2. 背景与思路

中小企业管理是一门专业基础课程，学校开设这一课程主要面向人力资源管理专业本科大二学生、专升本大一学生。

（1）本课程的"1+4"教学模式。结合浙水院SWH-CDIO-E教育模式、"课程思政十法"，同时基于中小企业管理的就业适应面广、社会实践性强的综合性应用型课程特点，本课程通过整合浙水院"课程思政十法"中的隐性融入法、信息技术法、行走课堂法等教学方法，设计和创建"1+4"教学模式，即由1个多元组合的教学团队授课，同时引入"网络教学、课堂教学、实践教学、以赛促学"四位一体的多课堂教学。组建的这支教学团队是在原来单一的主讲老师基础上探索建设的一支理想信念坚定、功底扎实，以主讲老师、学科带头人、校企合作的特聘老师相结合的三元结构的师资队伍（图3-48）。

（2）"1+4"教学模式下，实现知识传授与价值引领有机统一。坚守高等学校的根本任务就是培养人（培养德、智、体、美、劳全

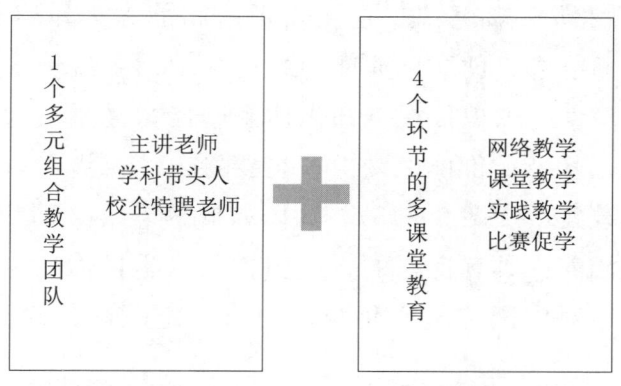

图 3-48 中小企业管理"1+4"教学模式

面发展的社会主义建设者和接班人),坚守高等学校的根本标准就是立德树人的成效,在中小企业管理中做到习总书记"守好一段渠、种好责任田"的要求。在"1+4"教学模式下,中小企业管理课程既注重在价值传播中凝聚知识和能力体系,又注重在知识和能力体系传授中强调核心价值引领,实现知识和能力体系传授与价值引领有机统一。在价值引领中,以社会主义核心价值观为准则,结合浙水院"水文化+"育人元素,在课程中有目的、有针对性地塑造"水分子""有涵养、懂做人、会做事"思政元素,培养软硬技能兼备的高素质应用型人才。

(三) 课程思政设计

1. 课程思政育人目标

在"新时代"德、智、体、美、劳全面发展的人才目标下,结合我校 SWH-CDIO-E 教育模式、"课程思政十法",以及"水文化+"育人元素,同时结合本专业就业适应面广、社会实践性强的综合性应用型特点,本课程通过网络教学(融入课程思政十法之一:信息技术法)、课堂教学(融入课程思政十法之一:隐性融入法)、实践教学(融入课程思政十法之一:行走课堂法)、以赛促学(融入课程思政十法之一:隐性融入法),开展第一课堂、第二课堂、第三课堂等校企老师共建的全联动课堂教学设计,在课程的知识体系（工具性知识、专业性知识）和能力体系（知识获取能力、知识应用能力、创新创业能力）中，融入主流价值观，以强化显性与细化隐性、知识传授（知识体系＋能力体系）与价值引领相结合的方式，其中在价值引领上，主要融入"有涵养、懂做人、会做事"的思政元素（图3-49），具体如下。

（1）有涵养：具有良好的人文精神、科学素养、时代精神、创新创业精神。对中国传统文化与历史有一定了解，树立文化认同，文化自信。

（2）懂做人：热爱社会主义祖国，拥护党的领导，具有为国家富强、民族振兴而奋斗的理想、事业心和责任感；遵守宪法、法律和法规，遵守公民道德规范。倡导社会主义核心价值观，树立诚信意识，履约践诺，知行合一。培养良好的职业操守和职业道德，具备社会责任感和人文关怀意识，能够尊重生命，关爱他人，理性、严谨、乐观、开朗。具有良好的心理素质、较强的自我控制和自我调节能力，能承受未来的工作压力。

（3）会做事：具有良好的专业素养，熟悉相关的方针、政策，系统掌握中小企业管理相关知识及发展动态，具备发现组织中小企业管理及相关管理问题的敏锐性和判断力，能够运用相关理论和方法分析、解决组织的中小企业管理问题。

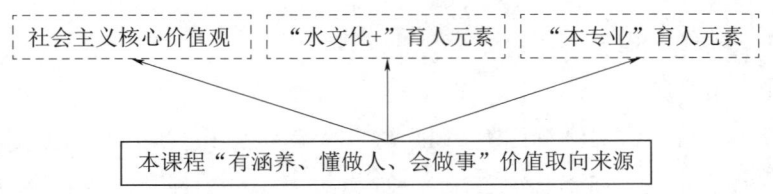

图3-49　本课程思政育人价值取向整合来源

2. "1＋4"教学模式知识传授（知识＋能力体系）和价值引领有机融合

本课程结合浙水院"课程思政十法"的信息技术法、隐性融入法、行走课堂法等，依托省一流线上课程，通过第一课堂（网络教学)、第二课堂(课堂教学)、第三课堂(实践教学)、第四课堂(以赛促学)等校企老师共建的多维度育人的全联动课堂"1+4"教学模式设计和模式构建(图3-50),把"有涵养、懂做人、会做事"作为中小企业管理课程思政的内涵与外延。

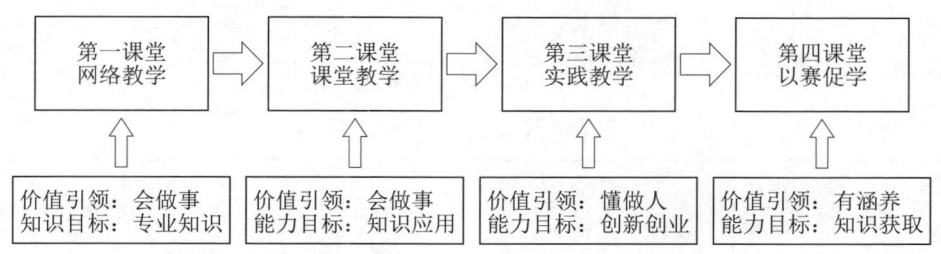

图3-50 "1+4"教学模式下课程思政创新探索

如图3-50所示,通过网络教学、案例式教学等生生互动的开放式、启发式教学手段,有机融入价值引领会做事元素,如勤奋、自我管理、沟通交往等。

通过学生学习展示、校企教师共同讲授等互动式课堂教学手段,有机融入价值引领会做事元素,如学会学习、解决问题、团队合作、创新精神等。

通过学生走进企业,组织学生参加学科竞赛等实践教学、以赛促学等教学方法,有机融入价值引领懂做人、有涵养元素,如开拓视野、民族精神和时代精神、社会道德、个人道德和职业道德等。

(四)课程思政具体实施

1. 一门课的实施

(1)课程教学内容概述。通过知识传授(知识+能力体系)和价值引领有机融合的课程建设目标,在1个多元组合教学团队的带领下,通过网络教学、课堂教学、实践教学、以赛促学等4个环节的教学方法设计和构建,其中思政育人的元素,充分整合社会主义核心价值、浙水院"水文化"+育人元素(六项必备品格:态度、相助、感恩、诚信、信仰、情怀,八种核心能力:书面表达能力、口头表达能力、团队合作能力、沟通交往能力、耐心倾听能力、情绪管理能力、信息处理能力、自主学习能力),本课程遵循"创新、融合、发展"基本原则等,充分调动学生学习积极性,培养学生的创新意识和持续发展能力,最大限度地发挥学生的潜能,有针对性地塑造"水分子""有涵养、懂做人、会做事"思政元素,培养软硬技能兼备的高素质应用型人才。课程思政融入汇总见表 3-21。

表 3-21　　　　　课程思政融入汇总一览表

序号	知识传授概述	思政育人目标	教学方法
1	第一章 中小企业导论	会做事:勤奋、团队合作能力等 懂做人:态度 有涵养:社会责任	网络教学、课堂教学、实践教学等多课堂教学 多媒体,PPT 与板书等互动式、启发式等手段
2	第二章 中小企业创业机遇	会做事:创业精神、自主学习能力等 懂做人:职业道德、情怀等 有涵养:诚信精神	网络教学、课堂教学、实践教学等多课堂教学 多媒体,PPT 与板书等互动式、启发式等手段
3	第三章 中小企业创业模式	会做事:创业精神、自主学习能力等 懂做人:社会道德、诚信等 有涵养:敬业精神	网络教学、课堂教学、实践教学等多课堂教学 多媒体,PPT 与板书等互动式、启发式等手段
4	第四章 中小企业创业团队与领导力	会做事:开拓进取、团队合作能力等 懂做人:团队合作、信仰等 有涵养:社会责任	网络教学、课堂教学、实践教学等多课堂教学 多媒体,PPT 与板书等互动式、启发式等手段
5	第五章 精益创业	会做事:钻研精神,信息处理能力等 懂做人:身心健康、相助等 有涵养:法律意识	网络教学、课堂教学、实践教学等多课堂教学 多媒体,PPT 与板书等互动式、启发式等手段
6	第六章 中小企业组织变革	会做事:创新精神、耐心倾听能力等 懂做人:沟通交往、感恩等 有涵养:文化认同	网络教学、课堂教学、实践教学等多课堂教学 多媒体,PPT 与板书等互动式、启发式等手段

第三节 经管人文类专业课程案例

续表

序号	知识传授概述	思政育人目标	教学方法
7	第七章 中小企业技术创新	会做事：开拓进取，书面表达能力等 懂做人：解决问题、信仰等 有涵养：时代引领	网络教学、课堂教学、实践教学等多课堂教学 多媒体，PPT与板书等互动式、启发式等手段
8	第八章 中小企业管理国际化经营 第九章 中小企业核心竞争力管理	会做事：国际视野、口头表达能力等 懂做人：道德品质、情怀等 有涵养：民族精神	网络教学、课堂教学、实践教学等多课堂教学 多媒体，PPT与板书等互动式、启发式等手段
9	第十章 中小企业品牌管理与文化建设	会做事：创新意识、情绪管理能力等 懂做人：职业道德、信仰等 有涵养：文化自信	网络教学、课堂教学、实践教学等多课堂教学 多媒体，PPT与板书等互动式、启发式等手段
10	第十一章 中小企业核心专长管理	会做事：毅力，自主学习能力等 懂做人：学会学习、信仰等 有涵养：时代精神	网络教学、课堂教学、实践教学等多课堂教学 多媒体，PPT与板书等互动式、启发式等手段
11	第十二章 中小企业运营	会做事：工匠精神、耐心倾听能力等 懂做人：协同合作、相助等 有涵养：和谐	网络教学、课堂教学、实践教学等多课堂教学 多媒体，PPT与板书等互动式、启发式等手段
12	第十三章 中小企业人力资源开发与管理	会做事：求真，团队合作能力等 懂做人：自我管理、感恩等 有涵养：公正	网络教学、课堂教学、实践教学等多课堂教学 多媒体，PPT与板书等互动式、启发式等手段
13	第十四章 中小企业信息化管理	会做事：探索钻研，信息处理能力等 懂做人：沟通协作、情怀等 有涵养：有善	网络教学、课堂教学、实践教学等多课堂教学 多媒体，PPT与板书等互动式、启发式等手段

第三章　课程思政实施案例

续表

序号	知识传授概述	思政育人目标	教学方法
14	学生中小企业管理调研汇报	会做事：开拓视野、口头表达能力等 懂做人：融会贯通、感恩等 有涵养：以赛促学	实践教学、以赛促学等教学方式 多媒体，PPT与板书等互动式、启发式等手段

（2）课程思政主要融入点（结合浙水院"课程思政十法"的信息技术法、隐性融入法、行走课堂法等）。在"第一课堂"即网络教学，同时融入案例教学（图3-51）。在网络教学中，有效利用互联网这种新型的传播模式，创造机会接触学生的内心，了解学生的真实思想动态，掌握他们所关注的焦点，有针对性地开展课程思政的教学工作，延伸课程思政的时间与空间。在案例教学和分析过程中融入家国情怀、价值观念、政治信仰、职业道德教育等，以便让学生习得批判性思维、悟得正确价值观，并与第二课堂进行链接，内化学生的核心素养。

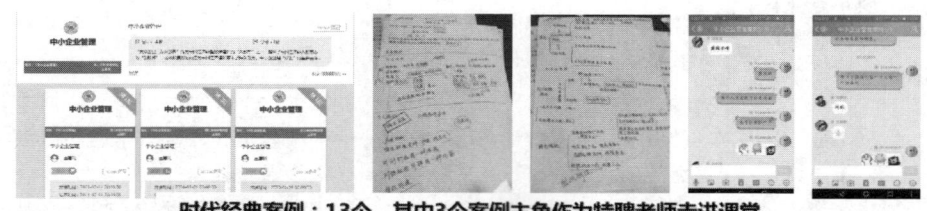

图3-51　网络教学（第一课堂）下的知识传授和价值引领有机融合

在"第二课堂"即课堂教学，通过课堂辩论、课堂测评、课堂作品展示，有针对性提升学生知识运用的能力目标，培养学生团队合作、解决问题、创新精神等核心素养，并与第三课堂、第四课堂进行链接，内化学生的核心素养（图3-52）。

图 3-52 课堂教学（第二课堂）下的知识传授和价值引领有机融合

在"第三课堂"即实践教学，实践既能更加有效、无形地把思政教育融入其中，也是检验课堂教学成果的最佳途径。所以在中小企业管理中，延伸课堂教育，从校内到校外，通过专家访谈、专题调研、中小企业发展趋势研究等，有针对性地提升学生知识升华的能力目标，培养学生开拓视野、民族和时代精神的使命感、清晰社会道德、个人道德和职业道德等核心素养（图 3-53）。

图 3-53 实践教学（第三课堂）下的知识传授和价值引领有机融合

在"第四课堂"即以赛促学，结合课程特色，加强以学科技能竞赛为支撑的创新创业教育，通过创新创业训练、学科竞赛等，强调项目不仅只注重功利性，还要注重社会性，要实现经济效益与社会效益的有机结合，强化社会责任意识，引导学生关心社会，承担公民应尽的社会责任，实现润物细无声的隐形教育（图3-54）。

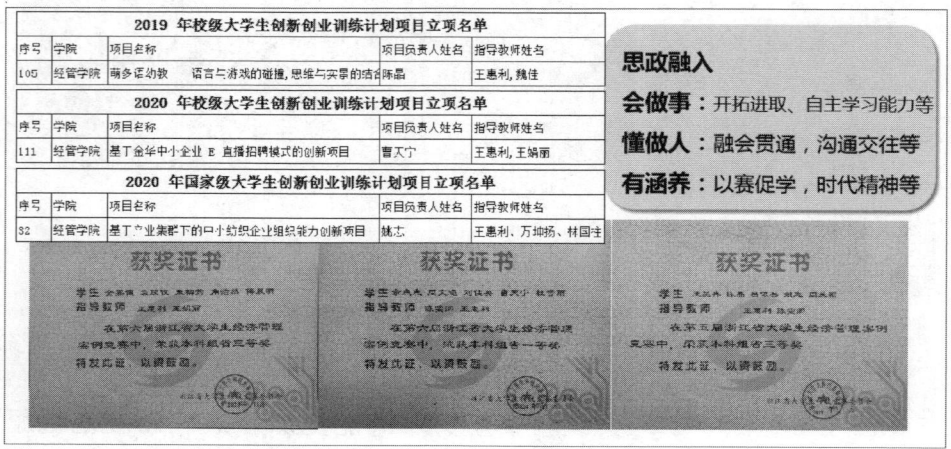

图3-54 以赛促学（第四课堂）下的知识传授和价值引领有机融合

(3) 融入课程思政的过程性学业评价。在课程考核上，推行"知识、技能、态度"三位一体考核。充分运用各项教学方法，在综合评价阶段，融入课程思政，使得课程考核在知识传授和价值引领下进行有机融合（图3-55）。

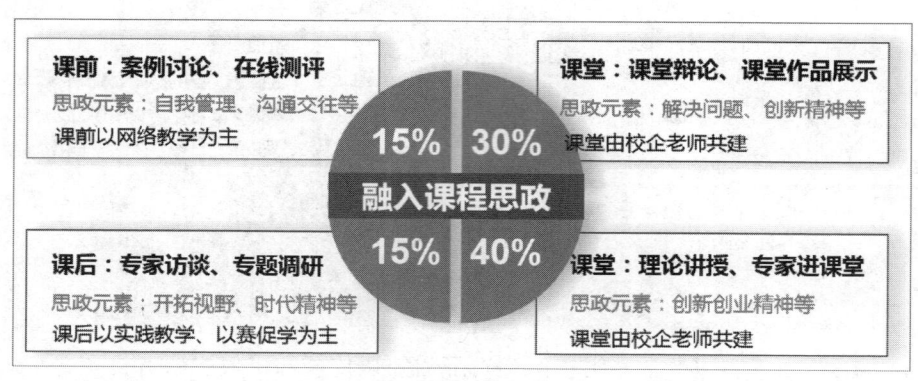

图3-55 融入课程思政的过程性学业评价

2. 一节课的实施举例

中小企业管理第四章第一节创业团队组建的实施举例见表3-22。

第三节　经管人文类专业课程案例

表 3-22　　　　　　　　一节课设计表

一、课程概况			
课程名称	中小企业管理	授课章节	第四章第一节
授课对象	人力资源管理专业大二，专升本大一	使用教材	中小企业管理（第三版）

二、学情分析	
学生知识经验分析	1. 通过前两个任务的学习，已经掌握了中小企业创业的可能性（市场），可行性（资源） 2. 对中小企业的可实现性认识不够，对创业的可实现性缺少理性的思考
学生学习能力分析	1. 具备了中小企业创业的模型的工具和方法的应用 2. 缺乏对创新创业双创理性的认知，缺乏对科学的创业管理方法应用
学生思想状况分析	对创新创业的理解不够，需要企业家精神、时代的担当，以及对中国特色企业管理的探索。 1. 存在学习该知识后用在何处的迷茫 2. 学生都不愿去中小企业就业，也不愿意进行创业，学生没有兴趣

三、教学内容	
课堂教学目标	（一）知识传授 1. 理解 DISC 的定义、特点 2. 掌握 DISC 的象限分析，纵向：个性的内外向；横向：任务导向和关系导向的行为风格 3. 分析 DISC 四种行事风格 4. DISC 风格应用——寻找创业团队好搭档 5. 通过小组的分享和互动点评，具备对团队匹配的初步能力 （二）价值引领 1. 了解优秀的创业团队对创新创业国家双创战略的意义，认知企业家精神 2. 并积极探索中国传统优秀文化和西方现代管理的结合，摸索有中国特色的企业管理之路
思政资源	（一）思想政治教育素材 1. 学生获奖竞赛作品 2. 中国四大名著之一《西游记》四个人物案例 3. 最"美"的中国合伙人：携程四君子 （二）思想政治教育元素 1. 创业创新精神，时代的担当 2. 中国古代优秀传统文化和西方现代管理结合

续表

四、教学方法与手段	
教学方法	网络教学、课堂教学、实践教学
教学手段	多媒体视频，PPT与板书相结合

五、教学过程设计	
教学内容和教学过程	专业知识与思政的融合
一、课程导入 在本次上课之前，先发放学生竞赛作品，引出中小企业企业家精神担当，引出课程教学内容。 二、寻找创业团队好搭档：DISC工具基础知识讲解 DISC的几个问题： 1. 四个因子如何分类 2. 纵向的个性内外向，横向的行为模式：任务取向，关系取向 3. DISC的行事风格分析 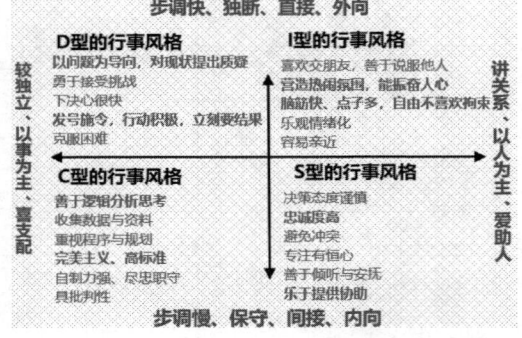 DISC行事风格分析图 三、寻找创业团队好搭档：DISC应用重点知识讲解 1. 引入中国古代优秀传统文化和西方现代管理结合议题 为什么说《西游记》中的唐僧团队被认为是最好的团队？ 视频播放。 事先给学生布置作业，让学生现场分析唐僧/猪八戒/沙僧/孙悟空的典型性行为事件。各自的特点。 《西游记》是中国古典四大名著，四个人物刻画非常形象和丰富，也被认为中国最好的创业团队，为什么？我们发现，用DISC去分析四个人的行为风格，刚好互补。这也给了我们一些启发，我们学管理专业的，可以去积极思考将中华优秀文化	通过网络教学、课堂教学、实践教学等进行互动式、启发式、翻转式等教学手段，有机融合思政元素。 1. 以赛促学，加强以学科技能竞赛为支撑的创新创业教育。

教学内容和教学过程	专业知识与思政的融合
和西方现代管理的结合，比如我们的天时地利人和，讲的就是现代管理中的战略/组织，这样既可以弘扬中华的文化，又可以为中国特色的企业管理探索一条创新之路。 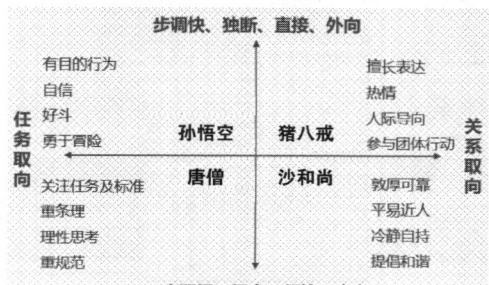 中国传统优秀文化与现代西方管理结合图 2. 创新创业精神对时代的使命和担当 　　在中国，合伙创业的公司并不少，很多公司不是最后闹分家不愉快，就是核心人物地位太突出，而几人不仅共同创业的事业很成功，分开之后各自闯出一片天地，且保持很好友谊，那就是携程四君子，也被称为最"美"的中国合伙人。 　　讨论：为什么被认为最"美"的中国合伙人 　　沈南鹏、季琦、梁建章、范敏的行为特点分析。1999年，梁建章、沈南鹏、季琦等都已经回国开始智力创业，并且一起创办的携程事业成功，更关键的是，通过携程，孵化了其他行业的知名企业，如红杉中国、华住酒店集团等。团队风格匹配，开展了有成效的创业领导。 　　今天我们的创新创业战略，更是被赋予了新的使命，比如创业新技术的突破，实现中华民族伟大复兴等，虽然每个人都不一定会创业，但我认为每一个都应该有创业创新精神，这也是时代赋予我们的担当。 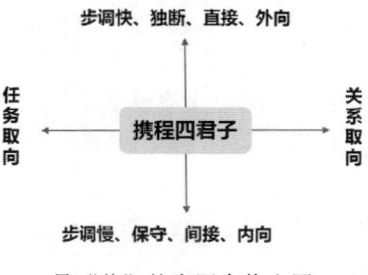 最"美"的中国合伙人图	2. 中国古代优秀传统文化和西方现代管理结合，积极探索一条有中国特色的企业管理道路。 3. 创业团队对创业创新双重战略的意义，企业家精神及创新精神对时代的担当

续表

教学内容和教学过程		专业知识与思政的融合
课后作业	1. 对企业家进行访谈，理解企业家精神的意义，并用 DISC 分析创业团队，以及对企业创新创业的关联度 2. 企业家精神对创新创业双创战略的意义 3. 谈谈你的看法	

（五）取得成效分析与体会

1. 学生感受

课程思政从真正意义上来说是一种课程观念，只要是有利于学生成长、有助于学生树立正确的世界观、人生观、价值观，都属于课程思政的范畴。专业课程的思政教育中，需要避开教学的正面引导，把教育目的隐藏在丰富的活动中，让学生不知不觉地通过这些体验走进教师预先设计的情境中。部分学生反馈如图 3－56 所示。

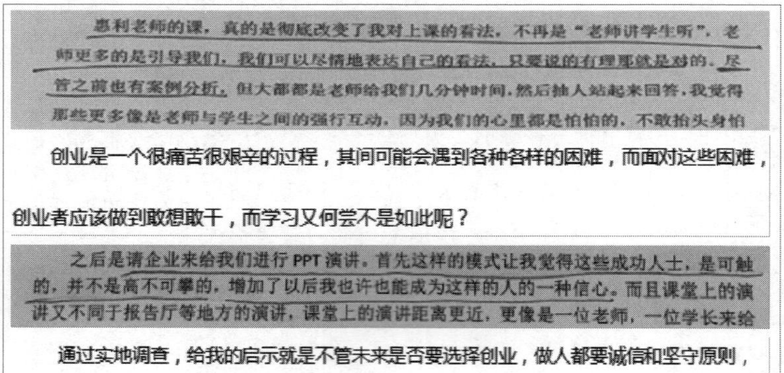
惠利老师的课，真的是彻底改变了我对上课的看法。不再是“老师讲学生听”，老师更多的是引导我们，我们可以尽情地表达自己的看法，只要说的有理那就是对的。尽管之前也有案例分析，但大都都是老师给我们几分钟时间，然后抽人站起来回答，我觉得那些更多像是老师与学生之间的强行互动，因为我们的心里都是怕怕的，不敢抬头身怕

创业是一个很痛苦很艰辛的过程，其间可能会遇到各种各样的困难，而面对这些困难，创业者应该做到敢想敢干，而学习又何尝不是如此呢？

之后是请企业来给我们进行 PPT 演讲。首先这样的模式让我觉得这些成功人士，是可触的，并不是高不可攀的，增加了以后我也许也能成为这样的人的一种信心。而且课堂上的演讲又不同于报告厅等地方的演讲，课堂上的演讲距离更近，更像是一位老师，一位学长来给

通过实地调查，给我的启示就是不管未来是否要选择创业，做人都要诚信和坚守原则，即使只是为了晚上睡得安稳。……

图 3－56　融入课程思政的过程性学业评价的学生反馈

2. 教师体会

（1）“网络课堂”＋课程思政，构建新的价值引领范式。在“网络课堂”＋课程思政的内容设计上，不能把课程所授的内容简单“迁移”至互联网，而是要把思想价值引领在互联网上传播与展

现，构建一个从传统课堂单一的价值认知到立体化的网络价值认知。

学生在教师的引导下，提出价值困惑，获得与教师平等地进行心灵的对话和思想沟通，并共同开展主流价值观的学习，最终让学生在发现问题、解决问题的过程中受到潜移默化的教育。

（2）"课堂教学"＋课程思政，强化价值引领和知识传授的有机融合。通过校企特聘老师进课堂，设计案例式、启发式、互动式等不同的学习情境，运用丰富的教学方法，不仅让学生在学习情境中学习到专业知识，更要着重加强在专业课程教育中根植思政理念，开掘出更多的精神养料，将正确的价值追求和理想信念润物无声地传达给学生。

（3）"实践教学"＋课程思政，延伸课堂思政教育。实践既能更加有效、无形地把思政教育融入其中，也是检验课程教学成果的最佳途径，推进课程思政建设的发展需要经历不断实践。在建设课程思政过程中，专业教师在不减少教学内容的情况下增加学生走出校园的实践机会，延伸课堂教育，使得学生不仅将所学与实践结合，开拓视野，积累经验，同时也可以锻炼学生的社交能力、应变能力等。

（4）"以赛促学"＋课程思政，加强以学科技能竞赛为支撑的思政教育。在大众创业、万众创新背景下，坚持以赛促教、以赛促学，已成为部分高校加强和改进大学生创新教育的重要方式和渠道。加强以学科技能竞赛为支撑的思政教育，探索以赛促学良性循环的模式，充分发挥多维度育人课程思政实践创新探索。

二、树立"文化自信"，厚植"家国情怀"——"中国文化传播（英）"课程（经管人文类专业案例7）

（一）课程基本情况

课程名称：中国文化传播（英）。

课程类型：专业选修课。

教师团队：国际教育交流学院王一帆、潘宏伟、王催春。

授课学分/学时：32学时；2学分。

主要教材：《中国文化概况（修订版）》，廖华英，外语教学和研究出版社。

（二）课程改革基础与背景思路

1. 基础与成果

（1）2019年获校第七届教学开放月"课程思政"讲课比赛一等奖。

（2）2019年本课程获评校"课程思政示范课"。

（3）2019年"中国话语的英文表达"获浙江省高校微课大赛本科组一等奖。

（4）2020年本课程获评"浙江省一流本科课程"。

2. 背景与思路

"中国文化传播（英）"是一门专业选修课，学校开设这门课程主要面向商务英语和国际商务两个本科专业。

本课程团队结合专业特点和行业需求，系统重组了文化教学模块，形成了特色鲜明的课程体系，同时不断反思前期的课堂教学，丰富课程内容，在教学中不断研究探索，深化课堂教学改革。本课程坚持采用项目制教学和"知识、技能、态度"三位一体考核。深挖本课程的"思政育人"元素。有效实施学校"课程思政十法"，在外语课堂中，春风化雨，坚守思政教育的价值引领。

（三）课程思政设计

1. 课程目标为思政教育提供方向（结合"水文化+"育人元素）

浙水院作为一所应用型本科院校，担负着为未来社会经济、技术、文化发展培养一线人才的使命。本课程团队认为课程教学不仅要有知识功能，更要富含价值引领功能，能够深入学生的心灵，引领学生思想和精神的攀升，因此"中国文化传播（英）"课程以

"树立文化自信,传播中国文化"为思政教学目标,秉持"立德树人"的主旨,结合浙水院"水文化+"育人元素,厚植"家国情怀",促使学生对中国传统文化的继承和创新有所思考,同时又增强学生传播中国文化的能力,使学生有能力用准确、地道的语言承担起向世界传播中国文化的重任。

(1)**知识探索**。掌握和理解中国文化的基本知识;用英语构建中国文化的结构与表达;帮助学生熟悉话语交际实践层面的操作。

(2)**能力建设**。分析文化案例,深挖中国文化的现实意义,培养学生文化思辨能力;实践文化项目,培养学生实践与创新能力、合作学习能力。

(3)**素质养成**。通过合作学习、文化实践等,感知中国文化之美、英语语言之趣,提升工科类学校学生的人文素养。

(4)**价值引领**。立足学科,让学生讲好中国故事,做到言之有理、言之有物、言之有力、言之有度,进而培养学生的文化自信,厚植家国情怀。

2. 课程内容为思政教育提供素材(结合"课程思政十法"中的"红色资源法")

本课程文化知识点多,而且课本内容多为识记性知识,显得呆板枯燥,学生容易丧失学习兴趣。因此课程团队成员重新梳理课程内容,重组文化板块。同时本课程还结合时代发展的面貌,精选孔子学院、网络文学、外卖餐饮、汉服潮流等具有时代性的教学内容。团队成员将这些内容梳理成课程思政案例库(表3-23),为课堂思政教育提供"润物细无声"的素材,培养学生树立理想信念、家国情怀、国际视野和科学探究精神。

3. 课程教学方法为思政教育提供保证(结合"课程思政十法"中的"隐性融入法")

本课程文化知识点多,而且课本内容多为识记性知识,显得呆板枯燥,学生容易丧失学习兴趣,课程思政容易流于形式,且效果

表 3-23 "中国文化传播（英）"课程思政案例库

序号	文化板块	案例资源	材料
1	中国概况	①北京奥运会开幕式中所体现的中国文化 ②西方媒体拍摄的关于"中国文化"的小纪录片	视频
2	中国哲学	①中国孔子学院在全世界的建立 ②习近平治国理政中的哲学思想 ③"水文化"所体现的哲学思想	图片、视频
3	中国文学	①结合中国抗疫，探讨《诗经》在当代的现实意义 ②习近平在各类讲话中曾引用的中国诗词，并讨论其所蕴含的精神 ③中国翻译泰斗人物——许渊冲 ④"网络文学"的热潮 ⑤中国文学中对于"水"的描写	图片、视频、网络资源
4	中国艺术	① 统计班上曾经学习中国书法和国画的学生人数，让这些同学讲讲自己学习过程中的小故事 ②《千里江山图》和《清明上河图》的故事 ③"水文化"在传统中国绘画中的体现 ④参观中国杭州工艺美术博物馆	讲故事、视频、网络资源、博物馆
5	中国教育	中国教育所发生的新变化 ①"在线教育"的兴起（结合新冠疫情） ②教育部"双减"政策	真实经历
6	中国饮食	①关于中国菜名各种啼笑皆非的翻译 ②G20峰会上菜单；杭州茶文化 ③中国饮食70年的变迁 ④《舌尖上的中国》	图片、视频
7	中国服饰	"汉服"成为年轻人的新潮流	真实经历、视频
8	中国科技	①中国新四大发明——高铁、手机支付、网络购物、共享单车 ②中国"天问一号" ③"智慧城市"——杭州	视频、讲故事、网络资源

第三节　经管人文类专业课程案例

续表

序号	文化板块	案例资源	材料
9	中国建筑	①"巴黎圣母院"大火 ②《上新了，故宫》——故宫重新焕发活力 ③"水文化"对浙江建筑的影响	图片、视频
10	中国旅游	以"水文化"为线索的杭州旅游	图片、视频、真实经历
11	中国话语	①中国特色词汇举例 ②中国话语权的提升	图片、视频

注　本案例库内容会随着社会发展不断更新。

很难保证。因而本课程团队采用"项目"制教学法，并结合翻转课堂模式，采用问题教学、案例教学和体验式教学建立了强化学生参与性与互动性的多层次课堂教学（表3-24）。课堂教学包含"传递信息、直接感知、活动参与、引导探究"四个阶段，从而保证课程思政效果的最大化。

表3-24　"中国文化传播（英）"中的项目制任务

序号	项目制任务	实施方式	成果要求	组织要求
1	中国概况介绍	教师课堂布置项目任务；学生课外分组实施；课堂集中展示	①配音 ②小组报告	以5～6人小组团队形式完成
2	中国哲学在现实生活中的体现		视频拍摄	
3	中国文学中对于"水"的描写		小组讲演＋报告	
4	参观中国杭州工艺美术博物馆或关于中国书法的校园调研		小组讲演 小组调研＋讲演	
5	中国饮食70年的变迁		绘制图表＋讲演	
6	汉服流行文化调研		小组调研＋报告	
7	以"水文化"为线索的杭州旅游		小组设计＋讲演	
8	百年故宫 VS 网络 icon		小组讲演	

4. 课程考核评价为思政教育提供最大化效果（结合"课程思政十法"中的"隐性融入法"）

推行"知识、技能、态度"三位一体考核。采用过程性考核与期末终结性考核相结合的方式。其中过程性考核成绩占比50%，期末终结性考核占比50%。同时，将"课程思政"考核纳入考核评价体系，对其效果进行量化，以实现"课程思政"效果的最大化（表3-25）。

表3-25 "中国文化传播（英）"考核方式和思政教育目标

考核项目	评价形式	评价主体	思政目标
过程性考核50%	①课前准备；课前预习（相关语言材料的学习） ②课堂表现；小组合作（语言知识和技能的运用） ③课后任务；课后总结（语言知识和技能的归纳） ④阶段考核（前测/后测）；课堂展示；作业提交	教师评价 自我评价 生生评价	自我管理意识 团队合作意识 严谨治学意识
期末终结性考核50%	期末考试	教师评价	公平竞争意识 诚信做人意识

（四）课程思政具体实施

1. 一门课的实施

（1）修订本课程的授课计划，在教学内容中融合课程思政（"红色资源法"）。根据课程思政元素案例库，将每一个案例具体编写在教案中。做到"思政教育"在每一堂课中都起到"润物细无声"的价值引领作用。

（2）"项目教学，翻转课堂"的实施（"隐性融入法"）。本课程共计32学时。为避免单纯的知识输入，让学生更好地了解中国文化、感受中国文化，进而传播中国文化。本课程课前让学生自学课本内容，了解和掌握识记性的知识。课堂上教师只讲授重难点的文化知识。课堂教学以学生为主体的案例和项目制任务为主，将中国文化和思政教育元素设计成文化案例和项目任务（图3-57～图3-59），让学生在完成项目任务的过程中，自觉认知文化、理解文化和认同文化。并且培养学生的科学探究精神、团队合作精神和沟通交往能力。

图 3-57 中国建筑章节：项目
"故宫焕发新活力"

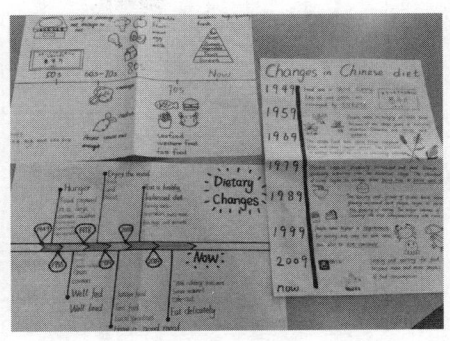

图 3-58 中国饮食章节：项目
"70 年中国饮食变迁"时间轴

图 3-59 中国艺术章节：
参观中国杭州工艺美术博物馆

(3)"过程性评价，课程思政效果最大化"的实施（"隐性融入法"）。采用过程性考核与期末终结性考核相结合的考核方式。其中过程性考核成绩占比 50%，期末考核占比 50%。增加过程性考核占比（包括考勤 10%、课堂参与度 10%、项目任务 30%），增加考核挑战度，严格考核评价，构建合理的考核评价体系（图 3-60），激励学生更多地参与到课程教学与互动环节，增强学生对中国传统文化的学习积极性。

(a) 考勤表截图

(b) 平时记录截图

图 3-60 成绩记录截图

2. 一节课的实施举例

下面是一次课的设计（表 3-26）、现场教学场景（图 3-61）及教学 PPT 截图（图 3-62）。

第三节 经管人文类专业课程案例

表 3-26 一次课堂教学设计表

章节名称	Chapter 2 中国文学 Chinese Literature

一、本节课教材内容分析

本节课教材包括①中国文学的发展历史；②不同阶段主要中国文学作品及其作者介绍。教材内容涵盖内容广，识记性的知识点多，但内容深度不足，缺乏高阶认知能力训练

二、教学内容分析

1. 教学目标：知识、能力、素养与价值引领

知识目标（课前自学）：
(1) 了解中国文学史基本发展脉络
(2) 掌握中国文学史上一些名家名作的基本情况

能力目标（课堂教学 & 课后任务）：
(1) 从文学意象入手，探讨中国文学对中国人的深刻影响
(2) 培养英语话语的表达和构建能力
(3) 了解中国诗句在当代中国的现实意义，进一步理解其中的深刻联系
(4) 选取有时代特征的文化案例，探讨网络文学，培养文化思辨能力

素质与价值引领（贯穿整个教学）：
(1) 通过对有代表性的中国文学作品的了解，培养学生阅读中国经典文学作品的兴趣
(2) 回顾中国"抗疫故事"，体会中国"抗疫精神"
(3) 立足我国传统文化，厚植家国情怀，承担起中国文化的传播者之重责
(4) 培养学生养成热爱阅读的好习惯

知识点学习目标描述

知识点编号	学习目标	具体描述语句
1	记忆	中国文学史发展脉络；中国文学作品的英文表达
2	理解	中国文学作品对每一个中国人的深刻影响；中国文学的时代意义
3	应用	能用英语介绍一部中国文学作品；"抗疫斗争"中中国诗句的英文表达
4	分析	分析"网络文学热潮"案例，探讨中国当前网络文学的现状

2. 教学重点和难点

项目	内容
教学重点	(1) 中国文学作品《诗经》 (2) 中国诗句的英语表达
教学难点	(1) 中英文表达的差异，如何通过意译的方式表达中国诗句 (2) 中国文学的时代意义

续表

三、学情分析

（1）课程授课对象为商务英语专业本科四年级学生，学生的英语基础知识较扎实，有利于本课程的学习，同学们思维较活跃，课堂气氛较好，大多数学生在教师引导下能够积极参与课堂互动

（2）虽然学生具备较好的英语基础，但是对于中国文学平时积累不多，兴趣不大。用英语介绍中国文学更有一定的难度

（3）学生具有一定的文化思考的方法与能力

（4）学生团队合作与交流的能力较强

四、教学设计

1. 教学环境设计

智慧教室；采用小班化、分组教学
突显以"学生为中心"的课堂教学，便于学生交流合作

2. 教学模式和方法

本节课内容多，而且多为灌输式的知识，显得呆板枯燥，学生容易丧失学习兴趣。同时，当代大学生对于中国文学作品普遍兴趣不高。因而本节课使用翻转课堂模式，采用问题教学法、案例教学法、研讨教学法建立了强化学生参与性与互动性的多层次课堂教学。

（1）课前让学生自学课本内容，了解中国文学史，掌握识记性的知识。课堂上以"案例导入，创建话题"方法，创设轻松愉悦的教学氛围，使学生结合实际学习，激发学生对中国文学的学习兴趣

（2）选取具有代表性的《诗经》作为课堂教学内容，检查学生的课前自学情况，有效培养学生英语话语构建能力和表达能力。同时，在讲解这部作品时，既介绍其经典之处，又结合其时代意义，展开讨论。通过古今对照，提升了学生文化学习的深度，也树立了家国情怀

（3）布置课后任务，进一步实现知识的迁移，给出文化案例，让学生展开小组探究式、合作式学习

整个课堂教学又包含"传递信息、直接感知、活动参与、引导探究"四个阶段
（具体见课堂教学过程构建）

教学媒体资源

本节课使用了文本、图片、视频、案例等多种教学多媒体资源

第三节　经管人文类专业课程案例

续表

五、课堂教学过程构建

教学环节	教师活动	学生活动	教学媒体	设计意图
1. 创设情境话题导入（传递信息、直接感知）	【视频】关于月亮的视频 【设问】 问题1：当你看到月亮的时候，你会想到什么？ 问题2：在中国文学中，月亮是怎样的一种文学意象？	【头脑风暴】嫦娥，月饼，家人……	PPT演示；视频	由"月亮"这个熟悉的话题引入，激发学生的学习兴趣
	【讲解】展示包含"月亮"这个文学意象的中国文学作品：鲁迅《故乡》、李白《子夜吴歌》、《诗经-日出》	【理解】"月亮"这个文学意象	PPT演示图片	进一步通过文学作品让学生理解文学意象，感受到中国文学对于中国人潜移默化的影响
	【追问】 问题1：你还能说出几部包含"月亮"的文学作品吗？ 问题2：你知道"月亮"第一次出现在哪一部中国文学作品中吗？	【回答】《山海经》，李白《静夜思》……	PPT演示	进一步挖掘学生对于中国文学的热情；通过问题2引入课堂主题《诗经》
2. 讲授重难点提出问题解决问题（传递信息、直接感知、活动参与）	【回答】"月亮"第一次以文学意象的形式出现在《诗经》中 【提问】通过课前的自学，你能介绍一下《诗经》这部作品吗？	【回答】通过课前的自学，大部分同学都可以用英语大致介绍《诗经》这部文学作品的概况	PPT演示图片文本	通过提问，检查学生的课前自学情况
	【视频】诗经吟唱 【归纳讲解】 "The Book of Songs" — peak of China's earlier literary history — starting point of Chinese literature — the earliest realistic literature in China — 3 sections：feng, ya, song 【提问】问题：《诗经》中的风雅颂分别指什么？有什么不同？	【听讲解、掌握】掌握用英语表达和构建《诗经》的介绍。 【回答】学生能够总结风雅颂三部分的不同点	PPT演示文本视频	通过观看视频，了解《诗经》最初为吟唱形式；通过教师归纳总结，帮助学生进一步了解《诗经》这部作品

续表

教学环节	教师活动	学生活动	教学媒体	设计意图
2. 讲授重难点提出问题解决问题（传递信息、直接感知、活动参与）	【知识提升】 《诗经》的时代意义 【提问】 通过展示一些人名，如屠呦呦、林徽因、王国维、琼瑶。让学生讨论这些名字有什么共通之处？ 【讲解】 "呦呦鹿鸣，食野之蒿" "王国克生，维周之桢" "大姒嗣徽音，则百斯男" "投我以木桃，报之以琼瑶" 【图片展示】 教师展示在抗疫期间，世界在援助物资包装上的诗句： "山川异域，日月同天" "岂曰无衣，与子同裳" （秦风 无衣） "投我以木桃，报之以琼瑶" （卫风 木瓜） 【布置小组任务1】 以小组为单位，让学生讨论如何翻译这些古诗句。 【讲解】 中国诗句的翻译，要使用直译＋意译相结合的方式。 给出参考译文。 【视频】 播放翻译界泰斗许渊冲先生如何翻译"岂曰无衣，与子同裳"的视频。 【布置小组任务2】 以小组为单位，让学生讨论"为什么我们可以使用《诗经》中的诗句来抗击疫情？" 【总结】 分享教师个人观点；对《诗经》这部作品的现实意义进行归纳总结	【回答】 学生回答这些名字均出自诗经。但对于具体出处不了解。 【小组讨论】 如何用英语来准确表达这些古诗句。 【小组讨论】 小组成员轮流表达各自的观点，最后由发言人总结，代表小组阐述观点。 【听讲解】	PPT演示图片视频	将知识点进行提升，赋予中国经典文学以时代意义，更能吸引当代大学生的学习兴趣； 设置两个课堂互动的活动，培养学生的研讨能力和思辨能力； 将中国文学和"抗疫精神"联系起来，厚植家国情怀，提升本节课的价值引领作用

续表

教学环节	教师活动	学生活动	教学媒体	设计意图
3. 知识迁移拓展应用（引导探究）	【导入】 介绍当前社会掀起的"网络文学"热潮 【视频】 "中国网络小说海外走红" 【布置小组任务】 通过观看以上视频，让学生以小组为单位，分析： 问题1：网络文学有什么样的特点？ 问题2：为什么现在这么多年轻人喜爱网络文学？ 问题3：你们小组对于网络文学持什么态度？ 问题4：网络文学会是中国文学的未来吗？	【师生互动】 学生调动自身的背景知识。 【案例分析】 以小组为单位进行分析和交流，形成对本案例的初步观点	PPT演示视频	重视中国文学的发展，从古论今。通过具有时代感和代表性的文化案例，让学生进行知识的迁移，能够分析文化现象，培养小组合作能力和探究能力
	【课后任务】 1.（初级认知任务） 完成课后识记性的练习 2.（高级认知任务） 继续完成课堂上的案例分析任务，下次课进行小组汇报	学生课后展开资料收集、小组研讨、小组讲演等一系列任务	PPT演示	课后任务源于课堂又高于课堂，充分发挥学生自主学习和小组合作解决问题的能力，培养学生文化思辨能力，实现课程的高阶性需求

（五）取得成效分析与体会

1. 学生感受

"中国文化传播（英）"是专业特色不可或缺的支撑课程，本课程以中国文化为主题，以"课程思政"为导向，选取和中国文化相关的语料和素材，同时结合学生跨文化交际能力的培养，帮助学生树立文化自信，提升学生向世界介绍中国的语言能力和交际能力。通过本课程一部分内容的教学，学生对于中国传统文化的兴趣大大提升，建立了学生的文化认同和文化自信，唤醒了他们传承中

图 3-61　本节课课堂教学实录截图

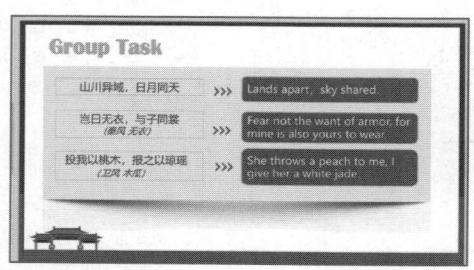 

图 3-62　本节课课堂教学 PPT 截图

华文明的历史责任感和时代使命感。

2. 教师体会

在外语课堂上，春风化雨，坚守思政教育的价值引领。

（1）本课程团队的教师在设计制作课程思政案例库时，选取和中国精神、中国文化相关的案例，同时注重中国文化的时代性，将中国传统文化和当今中国社会的发展联系起来，创造"润物细无声"的思政教学环境。

（2）通过"项目制"教学的方式，让学生在完成任务的过程中去切实感受中国文化之美，培养中国文化的鉴赏力和辨析力，进而树立"文化自信"，厚植"家国情怀"，再而具备传播中国文化的能力。

多维度地对学生进行考核，将"课程思政"的效果发挥到最大化。注重评价学生在项目完成过程中的态度、团队合作能力和沟通交往能力等 8 种核心能力。

三、沟通、合作、创新，师生共建学习共同体——"商务礼仪与谈判（英）"课程思政实践（经管人文类专业案例 8）

（一）课程基本情况

课程名称：商务礼仪与谈判（英）。

课程类型：专业选修课。

教师团队：国际教育交流学院周文心。

授课学分/学时：32 学时（含实践 6 学时）；2 学分。

主要教材：《国际商务谈判（英文版·第八版）》，罗伊·J.列维奇等，人民大学出版社。

依托在线平台与课程网站：浙江水利水电学院网络教学平台（超星），http://zjweu.fanya.chaoxing.com/portal。

（二）课程改革基础与背景思路

1. 基础与成果

2020 年度获评省级线下一流课程。

2. 背景与思路

"商务礼仪与谈判（英）"的授课对象是商务英语专业本科三年级的学生，课程于 2018 年第一次开课。本课程希望学生通过探索商务谈判和礼仪，进一步加强沟通交往、团队合作、自主学习、情绪管理等"水文化＋"核心能力和专业技能。课程在发展中，以鼓励学生自主学习和批判性思维为主要教学逻辑，不断调整教材、教法、教学工具和考核方式，形成"教师讲谈判，学生讲礼仪"共同学习模式，让学生在体验、分享、反思中学习。

（1）基于课程本质的思考。谈判和礼仪是沟通大概念下商务世界重要的组成部分；既包含了商务谈判基础理论和商务礼仪规则这样的硬知识,更体现了诸如情绪智商、共情能力、批判性思维等软能力。因此,课程育人的重点之一是:如何让学生在学习理论知识的基础上,认识到自己思维模式的局限;并通过改变认知,学会有意识地培养自己的非认知技能(沟通能力、礼仪素养、情绪管理等)、训练自己的高阶思维和终生学习习惯,并形成正确的谈判道德观。

(2)基于课程设计和教学设计的思考。本课程作为商务英语专业高年级选修课程,旨在帮助学生提升基本的职业素养及商务实践能力,完成人才培养方案的目标和"水文化+"育人目标。在教学实践中,课程不断创新尝试,积极融合新的教学方法和技术手段,期望逐渐形成"生生互助、师生合作"的学习共同体。因此,课程育人的重点之二是:如何在课程设计中对接学校育人特色和商务英语服务专业培养目标要求,并在教学设计中有侧重地践行学校"课程思政十法"。

(3)基于国际贸易新需求的思考。以人工智能和数字经济为代表的第四次工业革命对国际贸易格局产生了不可逆转的影响。数字贸易时代对未来的国际贸易人才有了新的需求。因此,课程育人的重点之三是:如何帮助学生了解中国国情、认识国际商情、提升信息素养,成为符合国家需求的国际化人才。

(三)课程思政设计

1. 课程思政育人元素的提取与融入

基于课程本质和国际贸易新需求、依据"水文化+"育人元素(图3-63)(诚信、相助的品格和八种核心能力),思政育人元素可以总结为:

(1)关注高阶思维:分析、评价、创造。

(2)培养非认知技能:沟通能力、同理心、礼仪素养、情绪管理等。

(3)了解中国国情与国际商情:对商业新闻、商业事件的敏感度。

（4）鼓励终生学习：适应性、灵活性、系统学习、合作学习、科技素养等。

（5）正确的谈判道德观。

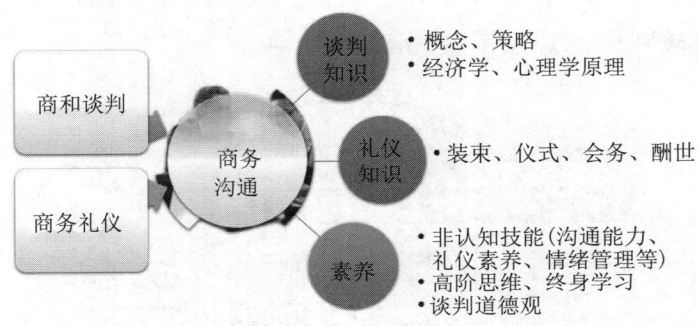

图 3-63 在课程目标中融入育人元素

2. 在课程和教学设计中融入育人元素

课程整体组织上，主要使用案例教学法、体验式学习、知识拼图法及启发式教学法，以"教师讲谈判，学生讲礼仪"的形式，通过案例分析、谈判模拟、10 分钟礼仪小课堂（团队项目）、反思复盘等活动，帮助学生理解、体验、顿悟。根据学习阶段，将课堂教学分为探索课堂、实践课堂、反思课堂。基本课程设计如图 3-64 所示。

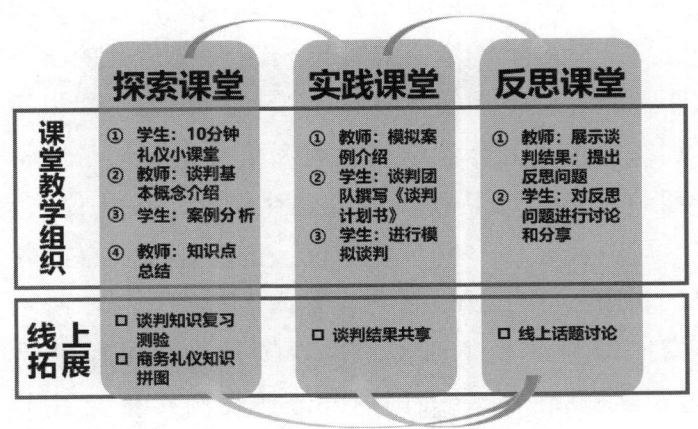

图 3-64 在课程整体设计中融入育人元素

学生主要通过案例分析、谈判模拟、团队项目、反思复盘等教学活动，进行高阶思辨能力、理论实践能力以及合作学习的训练；同时，通过项目复盘和反思，让学生意识到非认知能力的重要性、认识系统学习等终生学习能力、提高其对中国商业的敏感度，并形成正确的谈判道德观（图3-65）。

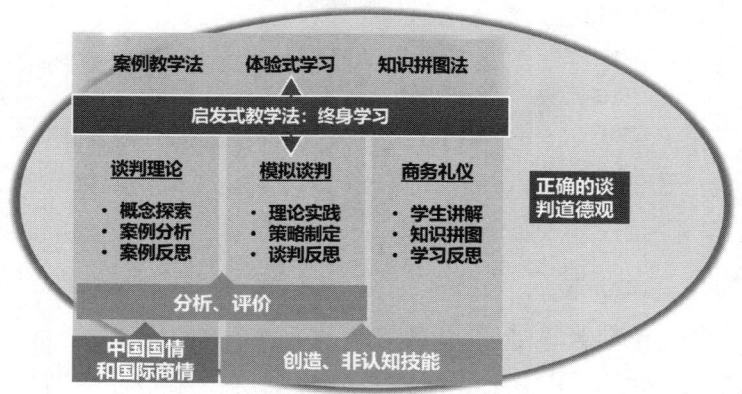

图3-65 在教学组织中融入育人元素

（四）课程思政具体实施

1. 一门课的实施

（1）在线合作学习："知识拼图"（"课程思政十法"之六、之七）。利用互联网工具拓展学习空间，鼓励学生进行在线讨论，完成"商务礼仪"专题下4个主题、13～15个子话题的学习。在"10分钟礼仪小课堂"线下项目的基础上，使用在线"知识拼图"的形式进一步训练学生线上合作学习能力和信息素养。帮助学生了解套裙礼仪、西装礼仪、饰品礼仪、美发礼仪、化妆礼仪、签约礼仪、开业礼仪、展览会礼仪、发布会礼仪、运动礼仪、自助餐礼仪等主题的内容。利用padlet.com进行合作学习如图3-66所示。

（2）模拟谈判：重现真实的谈判场景（"课程思政十法"之六）。通过积累视频、文章等国内外经典案例素材（图3-67），帮助学生进一步了解谈判的基本理论、策略流程以及背后的社会文化要素，并通过对谈判案例的重现，帮助学生从0到1体验谈判的流

第三节　经管人文类专业课程案例

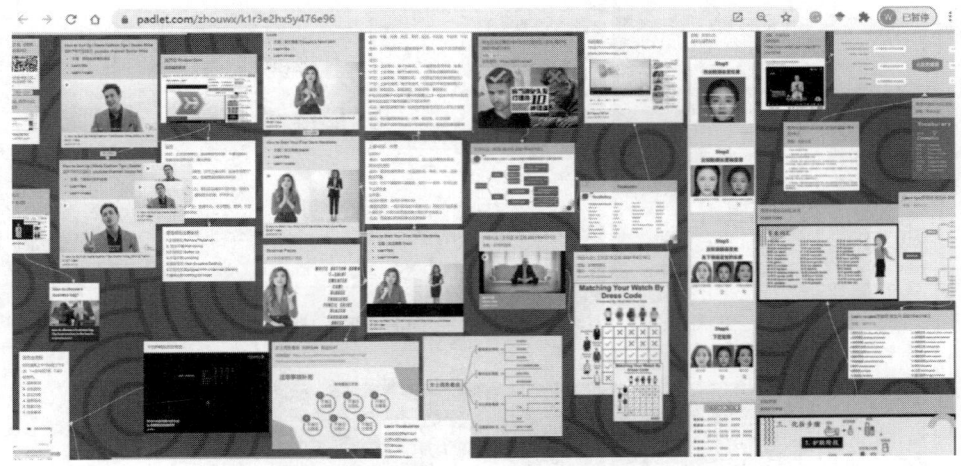

图 3-66　利用 padlet.com 进行合作学习

程，应用谈判的理论，体会对情绪的管理（图 3-68 和图 3-69）。

（a）模拟谈判资料　　　（b）经典谈判案例资料　　　（c）视频案例资料

图 3-67　案例库文件（部分）

（3）注重反思：师生共同参与、多方位考核（"课程思政十法"之六）。课程考核采取不断细化，形成师生共同参与的多方位考核

第三章　课程思政实施案例

> 模拟中国CAZG和加拿大CDNP就熊猫"租用"问题所进行的谈判。
> 1. 请详细阅读案例基本信息（General Information）：包含谈判背景、谈判目的、谈判安排及议程
> 2. 进行角色分配并仔细阅读角色机密信息（Confidential Information）：12～14人为一个小组；每4～5人使用相同角色身份（请勿在组内传阅角色信息）
> 3. 组内谈判：根据General Information和Confidential Information，以谈判角色身份进行组内讨论并撰写《团队内部协议（CDNP/CAZG Internal Agreement）》以及《团队谈判计划概要（Negotiation Plan Summary for CDNP/CAZG）》。
> 4. 谈判双方商榷谈判时间及地点
> 5. 中加谈判：根据谈判安排及议程完成模拟谈判并全程录影
> 6. 整理并上交谈判资料：
>   a) CDNP/CAZG Internal Agreement
>   b) Negotiation Plan Summary for CDNP/CAZG
>   c) 如谈判顺利进行，则按要求完成 CDNP-CAZG Agreement；如谈判没有达成全面共识，则需撰写CDNP-CAZG Joint Statement以说明情况；如谈判破裂或僵局，则需撰写CDNP-CAZG Joint Message以说明情况
>   d) 谈判视频（谈判礼仪、场地选择、穿着选择、谈判语言、音频视频效果）

图 3-68　中国-加拿大熊猫谈判模拟流程

图 3-69　中国-加拿大熊猫谈判模拟现场

方式（图 3-70）。对知识掌握的考核反映在单元测验和模拟谈判表现中（包括谈判策划、谈判结果等）。模拟谈判、礼仪小课堂均采用团队项目，因此，在教师评分的基础上鼓励学生参与评分过程，要求学生进行组间互评。课程最后以"个人反思报告"的形式督促学生对整个学习过程进行反思，以形成学习闭环。

2. 一节课的实施举例

以"谈判的本质"一课为例，课程内容上关注谈判的基本特点，通过案例分析和视频分析启发学生对"什么是谈判？""谈判有哪几种类型？""谈判的过程和环境要素是什么？"等问题的思考。通过了解真实案例，学生可以进一步认识中国国情与国际商情；通过分析真实案例，学生可以训练自己的高阶思维。将育人元素隐性融入课堂（"课程思政十法"之六）。一节课设计见表 3-27。

第三节 经管人文类专业课程案例

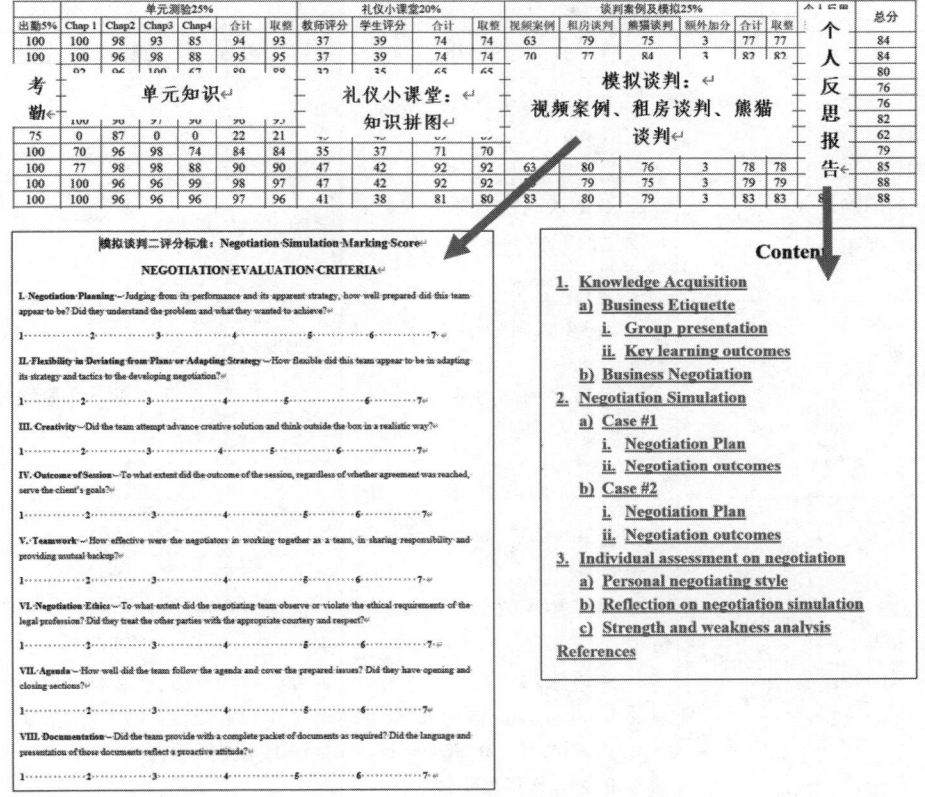

图 3-70 学生平时成绩记录示例

表 3-27 "商务礼仪与谈判"一节课设计表

时间安排		教学引导	学习者	思政育人元素
教师： 案例引入 3 分钟	学生： 案例讨论 5 分钟	介绍 6 个不同的案例事件，引起学生的兴趣和思考。	了解案例事件的概况、思考其背后的谈判内涵	中国国情与国际商情：了解国内外时事、国内外企业案例等
		1. 岳云鹏在泰国菜场讨价还价，语言不通，不知所措		
		2. 张先生的困境		
		3. 吉利、沃尔沃收购案		
		4. 迪士尼、卢卡斯收购案		
		5. 孙杨听证会		
		6. 巴以冲突的中方立场：呼吁和平对话		

171

续表

时 间 安 排		教 学 引 导	学 习 者	思政育人元素
教师： 知识点 1： 谈判的定义 2 分钟	学生： 讨论互动 10 分钟	1. 总结案例事件，并引出问题：When do negotiations occur? 2. 总结谈判的基本定义：谈判发生的三种基本场景 3. 定义拓展	尝试案例事件进行分类，总结谈判发生的场景	高阶思维
教师： 知识点 2： 谈判的特点 2 分钟		1. 介绍谈判双方的相互依赖性 2. 引出谈判的两种类型 （a）竞争型谈判 （b）整合型谈判	认识谈判双方的关心；了解谈判的竞争性以及合作性	非认知技能
教师： 知识点 2： 谈判的特点 5 分钟	学生： 案例分析 5 分钟	1. 视频案例：北京某市场的谈判实录 2. 描述基本的竞争型谈判的流程 3. 介绍谈判谈判中 Positions 以及 Concessions 两个概念 4. 介绍 Mutual Adjustment 的基本逻辑及其重要性	分析视频；认识竞争型谈判的基本流程；了解谈判各方通过相互调整进行合作的基本逻辑	高阶思维 非认知技能
教师、学生讨论： 知识点 2： 谈判的特点 5 分钟		1. 提出问题：Is negotiation just for the sake of "give-and-take"? 2. 视频案例：中国国家医保谈判 3. 总结分析医保谈判背后的逻辑 4. 介绍 Intangibles 以及 Social Context 的基本内涵和重要性	分析视频；认识并了解谈判的无形因素以及社会情境因素	高阶思维 中国国情：医保谈判背后的惠民性
教师、学生复盘 3 分钟		1. 回归 6 个案例事件，提炼其背后的无形因素以及社会情境因素 2. 提出谈判的实践性和反思性	形成学习闭环；认识到反思对谈判学习的重要性	高阶思维 系统学习

(五) 取得成效分析与体会

(1) "立德树人"是教育者的根本任务。任何一门课程都蕴含着对学生品格和核心能力的培养。作为课程教师要深度挖掘课程的育人特色和侧重点，并通过合适的教学方法和技术手段将这些元素融入课程设计和教学组织中。"商务礼仪与谈判（英）"课程有较强的实践和沟通属性，因此案例分析、模拟谈判、合作学习等方式可以成为育人元素较好的依托。同时，也要立足课程所服务的人才培养目标和行业发展需求，让学生应对未来变化时多一些从容。

(2) 相信学生，共同成长。以"学"为中心的教学理念，要求教师和学生共同探索。教师的任务是引导学生进行自主探索，从而才能有更长远的改变。在日常教学中，给学生多一些信任，会收获许多意外之喜。"商务礼仪小课堂"中出现了许多有创意的表现形式；"模拟谈判"中，学生们全情投入角色、为达成谈判目标使出浑身解数（图3-71）；不少同学也在谈判复盘对谈判技巧、理论和"共赢"原则有了更多的感悟。也有学生在日常生活和工作中，善用课程所学。

图3-71 模拟谈判场景

（3）课程改革一直在路上。在后续的课程思政探索中，本课程将更关注对案例的积累和开发，尝试建设"互联网＋教学资源库"。同时，进一步细化案例蕴含的思政育人元素，并完善模拟谈判项目的整体设计和执行。与此同时，课程希望尝试VR/AR等技术手段，让学生在更为逼真的环境中，获得更深刻的体验。

参 考 文 献

[1] 中共中央宣传部. 习近平新时代中国特色社会主义思想学习问答［M］. 北京：学习出版社，人民出版社，2021.

[2] 《习近平总书记教育重要论述讲义》编写组. 习近平总书记教育重要论述讲义［M］. 北京：高等教育出版社，2020.

[3] 徐金寿. 应用型人才软硬技能融合培养的研究与实践［M］. 北京：中国水利水电出版社，2015.

[4] 方荣，万军. SWH－CDIO－E 工程教育模式导论［M］. 北京：中国水利水电出版社，2018.

[5] 徐显明. 文化传承创新：大学第四大功能的确立［J］. 中国高等教育，2011（10）：1.

[6] 蒋明，薛蓉，肖黄梦. 浅谈对大学文化传承的认识［J］. 领导科学论坛，2013（8）：8－10.

[7] 严峰. 中国大学文化研究［D］. 上海：复旦大学，2005.

[8] 宁进. 论大学文化的作用［N］. 光明日报，2011－08－28（7）.

[9] 顾佩华，陆小华. 重新认识工程教育：国际 CDIO 培养模式与方法［M］. 北京：高等教育出版社，2009.

[10] 顾佩华，胡文龙，陆小华，等. 从 CDIO 在中国到中国的 CDIO：发展路径、产生的影响及其原因研究［J］. 高等工程教育研究，2017（1）：24－43.

[11] 别敦荣，李家新，韦莉娜. 大学教学文化：概念、模式与创新［J］. 高等教育研究，2015（1）：49－56.

[12] 周哲海. 谈教学团队建设的必要性及重要性［J］. 现代职业教育，2016（9）：75.

[13] 张志亮，刚家林. 基于 CDIO 的一体化实验实践教学环境的建设［J］. 实验室科学，2010（6）.142－144.

[14] 张亚群. 什么是好的通识教育［N］. 光明日报，2016－05－10（14）.